JN409604

YBEP
중국어국제학습연변대학센터

중국 연변교육출판사
중국어국제학습연변대학센터

펴낸날 2014년 1월 10일
펴낸이 한명웅
펴낸곳 중국 연변교육출판사
감　수 이형석 한국 중앙대학교 인문대학교 중어중문과 교수
안국봉 중국 중국어국제학습연변대학센터 교수
김춘근 중국 연변교육출판사 교재연구개발센터 교수
지은이 장철남 양춘광 문옥란 김해영
그림 공시운 이동국 전설화 장향희
표지 디자인 전설화
내용 디자인 전설화
진행 남애순
인쇄 신영인쇄 | 제본 탄탄북스
등록번호 제 313-2012-144호
한국지사 주소 서울시 마포구 독막로 320(도화동 태영데시앙 803호)
전화 02)3272-6524 | 팩스 02)3272-6525
본사 주소 중국 길림성 연길시 우의로 363호
전화 (86)433-2913954 팩스(86)433-2913932
ISBN 978-89-97964-27-7　ISBN 978-89-97964-26-0 (세트)

※ 잘못된 책은 구입한 서점에서 교환해 드립니다.

ⓒ 이 책의 저작권은 저자 및 펴낸 곳에 있으며, 저작권자의 허가 없이
복제, 복사, 배포하거나 전산 장치에 저장할 수 없습니다.

워크북 워크북1권+오디오CD1장

Work Book

- 다양한 연습문제로 메인북 내용을 복습합니다.
- 병음과 한자 쓰기도 익힐 수 있습니다.
- 본문 내용을 바탕으로 한 모의 문제로 신HSK1급 시험을 체험해 봅니다.

오디오 CD

- 중국 원어민 선생님의 녹음으로 생동감 있는 듣기 연습을 할 수 있습니다.

메인북 메인북1권+전자북CD1장

Main Book

- 신HSK1급 시험요강을 바탕으로 간단한 일상회화와 한어병음을 배울 수 있습니다.
- 본문에서 배운 회화를 읽기, 듣기, 말하기 연습을 하면서 익혀 봅니다.

전자북 CD

- 컴퓨터에 전자북CD를 넣어보세요. 생생한 화면과 중국 원어민의 발음으로 혼자서도 중국어 공부를 할 수 있습니다.

차례

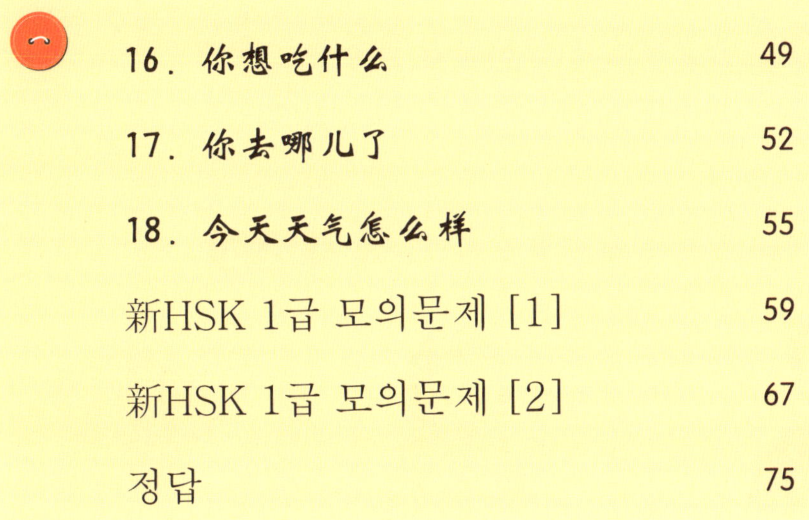

1 녹음을 잘 듣고 '보기'처럼 알맞은 발음을 체크해 봅시다.

보기 

① 

② 

③ 

④ 

⑤ 

⑥ 

⑦ 

2 녹음을 잘 듣고 알맞은 성조를 써 봅시다. 01-2

① ma ② ma ③ ma ④ ma

3 녹음을 잘 듣고 병음을 완성해 봅시다. 01-3

b ☐ ba

m ☐ ma

y ☐ fu

4 그림에 해당한 문장을 선택해 봅시다.

① Nǐ hǎo! (　)

Zàijiàn! (　)

② Zàijiàn! (　)

Nín hǎo! (　)

5 아래의 모음이 단독으로 음절을 이룰 때의 정확한 표기에 체크해 봅시다.

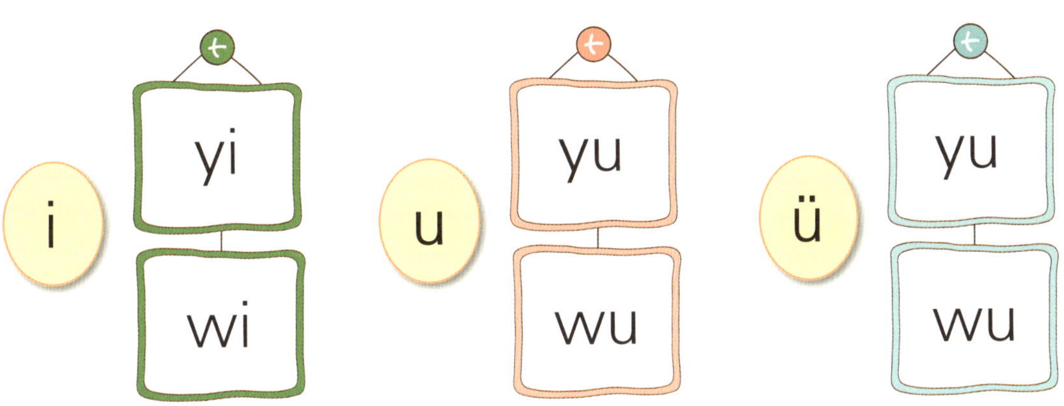

6 획순에 유의하면서 단운모와 성모를 써 봅시다.

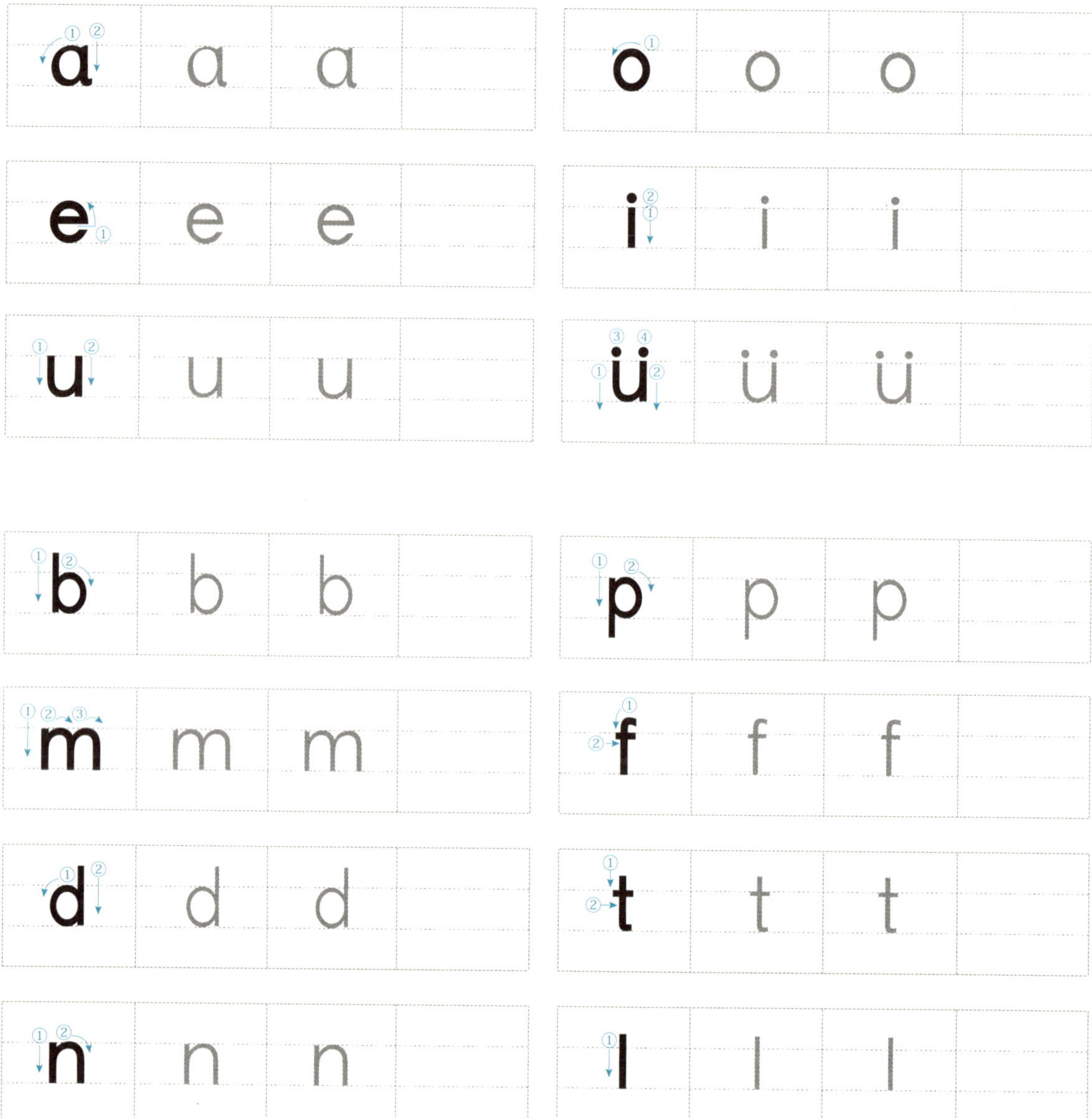

1 녹음을 잘 듣고 미로를 따라 성모를 연결해 봅시다. 02-1

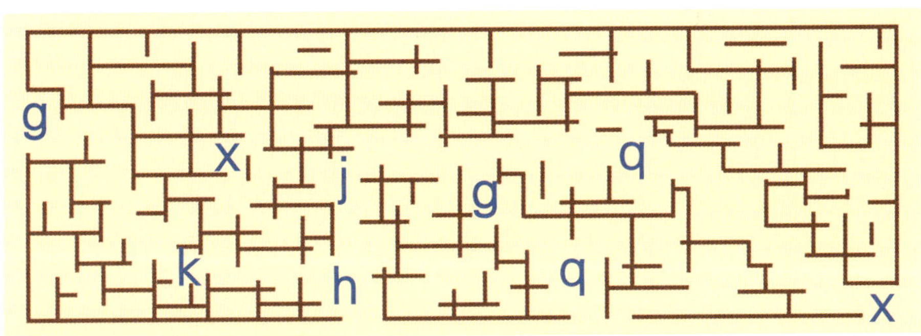

2 녹음을 잘 듣고 들은 순서대로 운모에 번호를 써 봅시다. 02-2

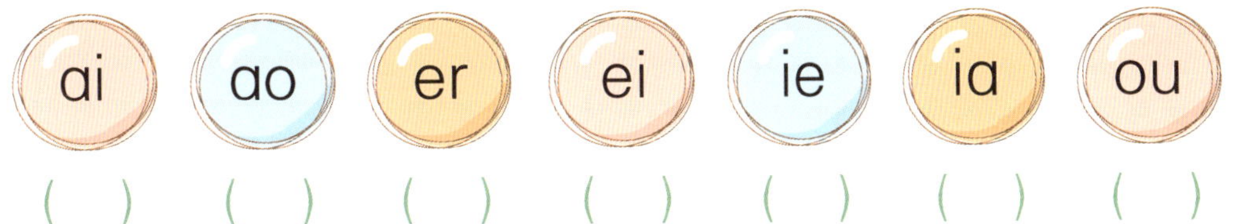

( ) ( ) ( ) ( ) ( ) ( ) ( )

3 잘 듣고 '보기'처럼 그림과 일치하면 √, 아니면 ×로 표시해 봅시다. 02-3

4 '보기'처럼 성조표기 위치가 맞으면 √, 아니면 ×로 표시해 봅시다.

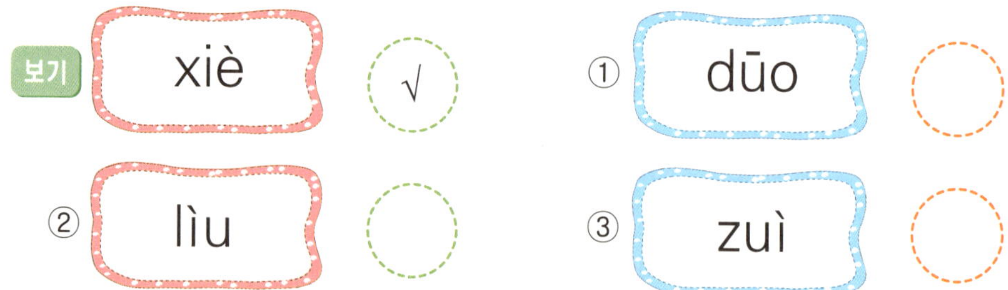

5 '보기'처럼 운모가 단독 음절을 이룰 때의 정확한 표기에 체크해 봅시다.

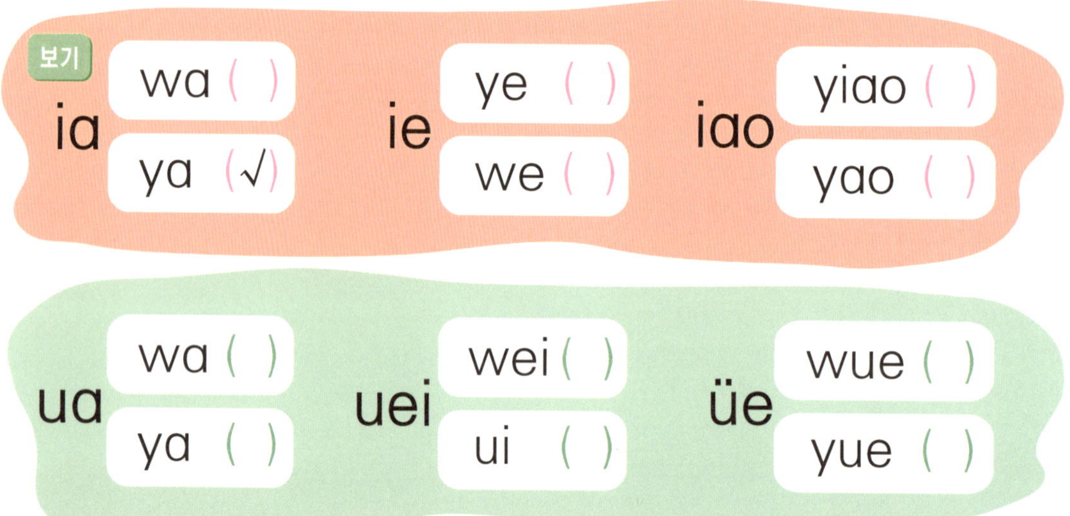

6 상황에 어울리는 인사말을 골라 번호를 써넣어 봅시다.

A Nín duō dà niánjì?

B Nǐ jǐ suì?

7 획순에 유의하면서 성모와 복운모를 써 봅시다.

g	g	g		k	k	k	
h	h	h		j	j	j	
q	q	q		x	x	x	
ai	ai	ai		ei	ei	ei	
ao	ao	ao		ou	ou	ou	
er	er	er		ia	ia	ia	
ie	ie	ie		iao	iao	iao	
ua	ua	ua		uo	uo	uo	
uai	uai	uai		uei	uei	uei	
üe	üe	üe		ün	ün	ün	

3 你叫什么名字

1 녹음을 잘 듣고 '보기'처럼 알맞은 발음에 체크해 봅시다.

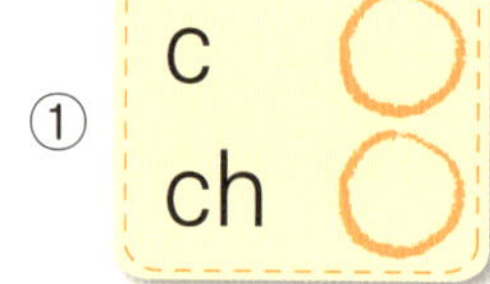

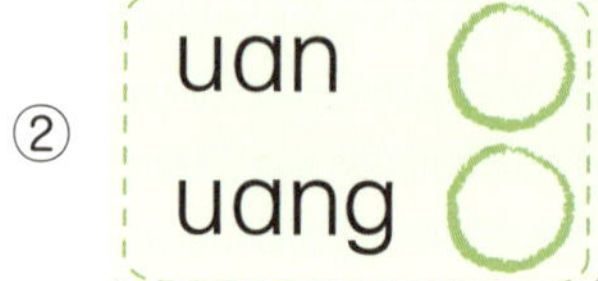

③ c / s

④ an / ang

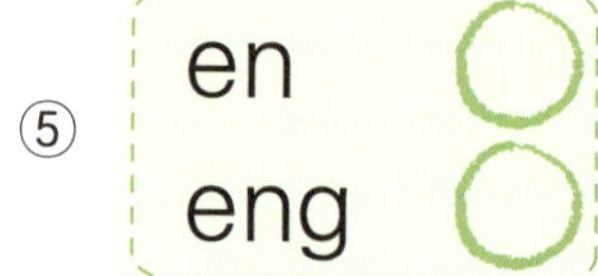

⑥ z / zh

⑦ ün / üan

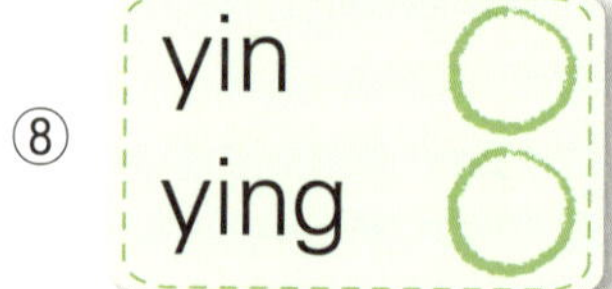

2 녹음을 잘 듣고 빈칸에 병음을 써넣어 봅시다.

______xìng　______me　______zi

3 녹음을 잘 듣고 알맞은 이름을 골라 체크해 봅시다. 03-3

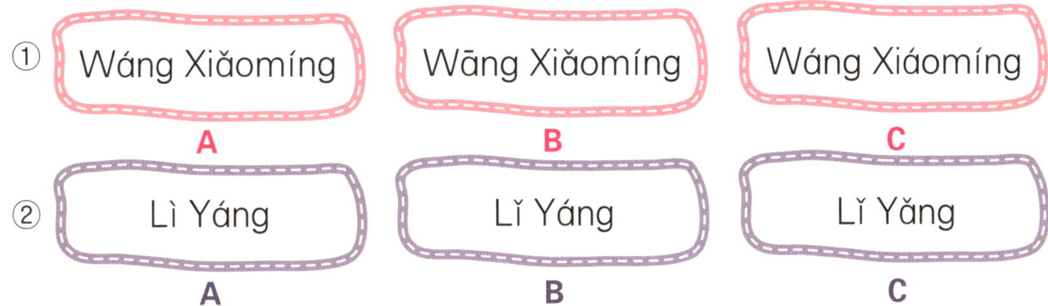

4 그림을 보고 알맞은 성모를 써넣어 병음을 완성해 봅시다.

5 서로 어울리는 대화를 연결해 봅시다.

6 획순에 유의하면서 성모와 비운모를 써 봅시다.

z	z	z	
c	c	c	
s	s	s	
r	r	r	
en	en	en	
ong	ong	ong	
iang	iang	iang	
iong	iong	iong	
uen	uen	uen	
üan	üan	üan	

zh	zh	zh	
ch	ch	ch	
sh	sh	sh	
an	an	an	
ang	ang	ang	
ian	ian	ian	
ing	ing	ing	
uan	uan	uan	
uang	uang	uang	
ueng	ueng	ueng	

4 他是谁

1 녹음을 잘 듣고 알맞은 병음에 체크해 봅시다. 04-1

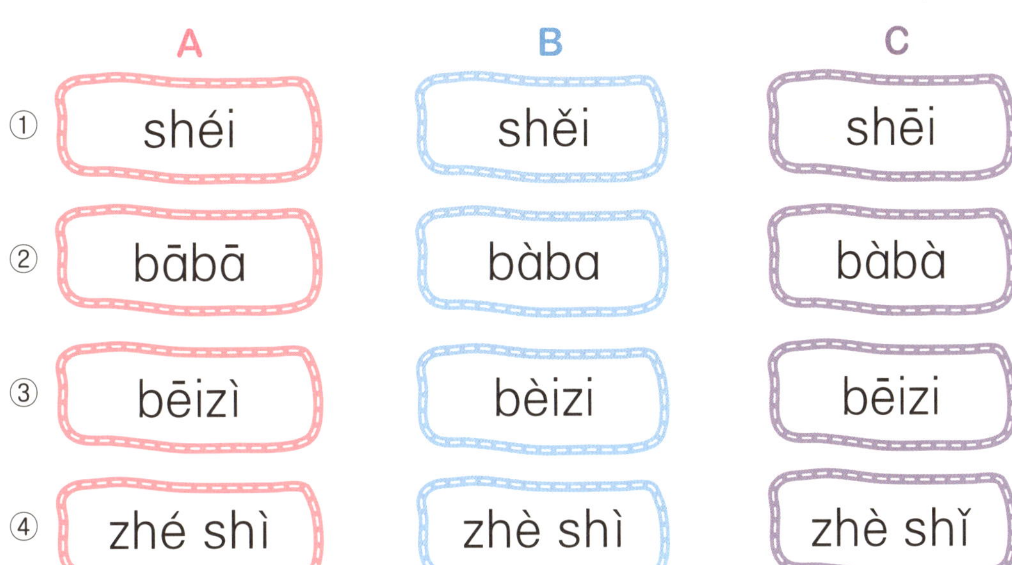

	A	B	C
①	shéi	shěi	shēi
②	bābā	bàba	bàbà
③	bēizì	bèizi	bēizi
④	zhé shì	zhè shì	zhè shǐ

2 녹음을 잘 듣고 들은 순서대로 그림에 번호를 써 봅시다. 04-2

3 그림을 보고 알맞은 낱말을 골라 넣어 문장을 완성해 봅시다.

① 

Zhè shì wǒ de
这 是 我 的______。

② 

Zhè shì bàba de
这 是 爸爸 的______。

③ 

Tā shì dìdi de
她 是 弟弟 的______。

4 서로 어울리는 그림과 대화를 연결한 후 읽어 봅시다.

Zhè shì shénme?
A: 这 是 什 么？

Zhè shì diànshì.
B: 这 是 电视。

Tā shì shéi?
A: 她 是 谁？

Tā shì wǒ māma.
B: 她 是 我 妈妈。

Tā shì shéi de tóngxué?
A: 他 是 谁 的 同学？

Tā shì wǒ de tóngxué.
B: 他 是 我 的 同学。

5 뜻을 기억하면서 써 봅시다.

tā	tā	

그(그 녀)

shì	shì	

…이다

shéi	shéi	

누구

zhè	zhè	

이, 이것

bēizi		

diànshì		

diànnǎo		

lǎoshī		

tóngxué		

5 桌子上有什么

1 녹음을 잘 듣고 알맞은 성모나 운모를 연결해 봅시다.

☐ uōzi	zh
liǎng b ☐	sh
☐ āngdiàn	ěn
m ☐ yǒu	éi

2 녹음을 잘 듣고 알맞은 성조를 표기해 봅시다.

pingguo

mifan

cai

3 녹음을 잘 듣고 순서대로 그림에 번호를 써 봅시다. 05-3

4 대화에 어울리는 그림을 연결해 봅시다.

Zhuōzi shang yǒu shénme?
A:桌子 上 有什么?
Zhuōzi shang yǒu mǐfàn.
B:桌子 上 有米饭。

Nàr yǒu diànnǎo ma?
A:那儿有 电脑 吗?
Nàr méiyǒu diànnǎo, yǒu diànshì.
B:那儿没有电脑，有电视。

Nàr yǒu fànguǎn ma?
A:那儿有 饭馆 吗?
Yǒu, nàr yǒu fànguǎn.
B:有，那儿有 饭馆。

5 뜻을 기억하면서 써 봅시다.

yǒu	yǒu	

있다

méiyǒu	méiyǒu	

없다

běn	běn	

권

shàng	shàng	

위

ma	ma	

~까, ~요

nàr	nàr	

그곳, 거기, 저기

zhuōzi		

슈퍼마켓

shāngdiàn		

mǐfàn		

매화식당

fànguǎn		

6 火车站在哪儿

1 녹음을 잘 듣고 알맞은 답에 체크해 봅시다.

	A	B	C
①	shāngdiàn 商店	yīyuàn 医院	huǒchēzhàn 火车站
②	diànyǐng 电影	diànshì 电视	diànnǎo 电脑
③	xuéxiào 学校	fànguǎn 饭馆	shǒubiǎo 手表

2 녹음을 잘 듣고 서로 어울리는 그림을 연결해 봅시다.

①

②

③

④

3 주어진 낱말로 '보기'처럼 문장을 만들어 말해 봅시다.

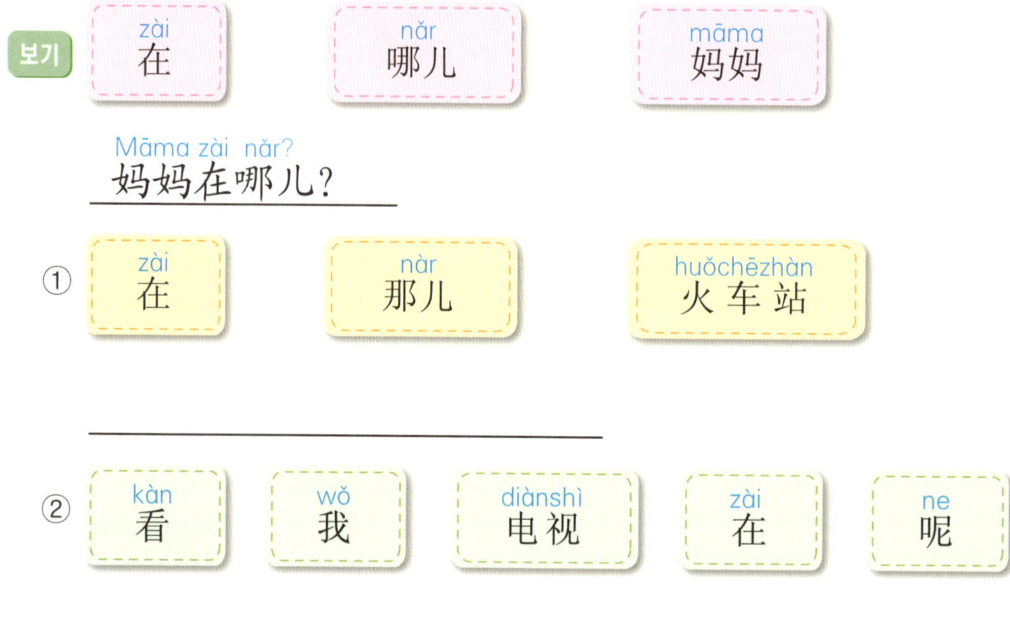

보기

zài 在 | nǎr 哪儿 | māma 妈妈

Māma zài nǎr?
妈妈在哪儿?

① zài 在 | nàr 那儿 | huǒchēzhàn 火车站

____

② kàn 看 | wǒ 我 | diànshì 电视 | zài 在 | ne 呢

____

4 중국어는 한국어로, 한국어는 중국어로 말해 봅시다.

Qǐngwèn, huǒchēzhàn zài nǎr?
请问，火车站在哪儿?

____

____

기차역은 그곳에 있어요.

5 뜻을 기억하면서 써 봅시다.

zài

在: (…에) 있다;하고 있다

nǎr

哪儿: 어디

zuò

做: (…을/를) 하다

wèn

问: 묻다

kàn

看: 보다

ne

呢: …(은/는)요?

Qǐngwèn, huǒchēzhàn zài nǎr?

请问，火车站在哪儿? 말씀 좀 여쭐게요. 기차역이 어디인지요?

Nǐ zài zuò shénme ne?

你在做什么呢? 넌 지금 뭐 하고 있니?

7 现在几点

1 녹음을 들으면서 아래의 숫자를 따라 말해 봅시다.

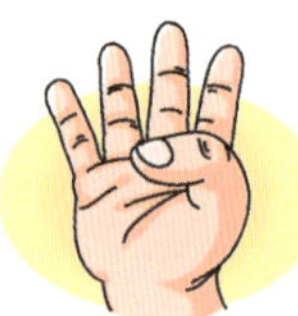
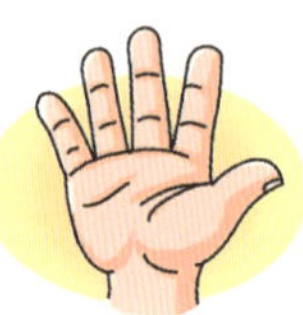

yī 일,하나　èr 이,둘　sān 삼, 셋　sì 사,넷　wǔ 오,다섯

liù 육, 여섯　qī 칠,일곱　bā 팔,여덟　jiǔ 구,아홉　shí 십, 열

가장 좋아하는 숫자를 써보세요.

____

2 녹음을 잘 듣고 알맞게 연결해 봅시다.

① jīntiān 今天

② míngtiān 明天

③ zuótiān 昨天

3 시계를 보고 빈칸에 알맞은 병음을 써넣어 봅시다.

___diǎn___fēn　　___diǎn___fēn　　___diǎn___fēn

4 서로 어울리는 그림과 대화를 연결해 봅시다.

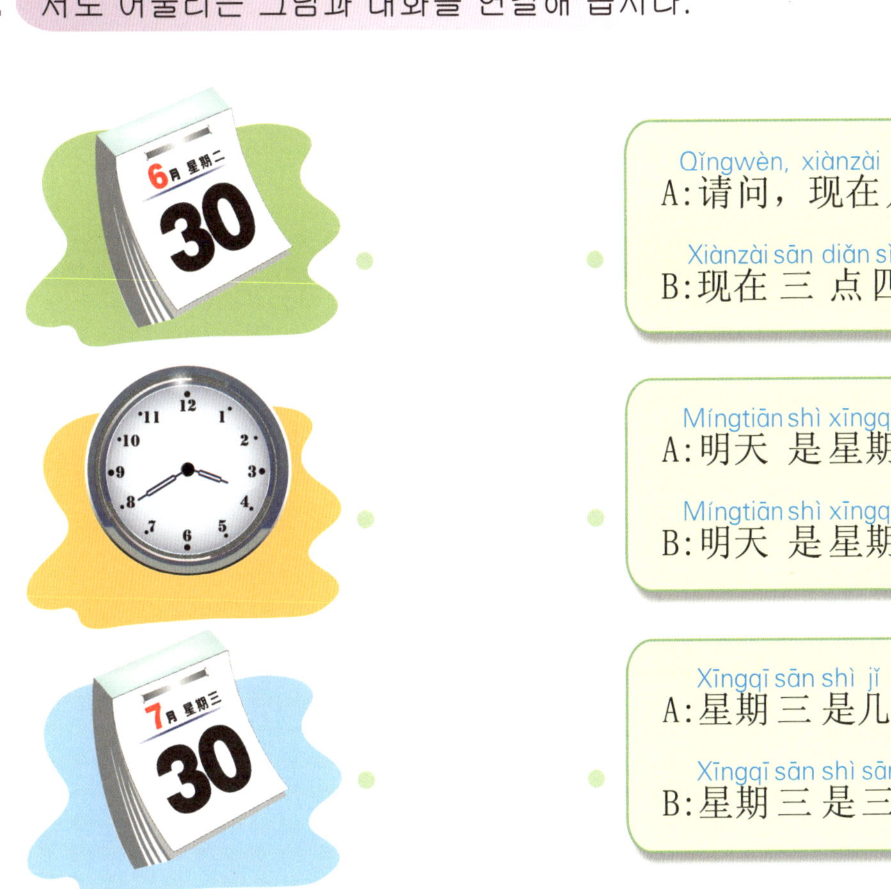

Qǐngwèn, xiànzài jǐ diǎn?
A:请问，现在几点？
Xiànzài sān diǎn sìshí.
B:现在 三 点四十。

Míngtiān shì xīngqī èr ma?
A:明天 是星期二吗？
Míngtiān shì xīngqī èr.
B:明天 是星期二。

Xīngqī sān shì jǐ hào?
A:星期 三 是几号？
Xīngqī sān shì sānshí hào.
B:星期 三 是三十号。

5 뜻을 기억하면서 써 봅시다.

míngtiān	míngtiān	

明天: 내일

xiànzài	xiànzài	

现在: 지금

xīngqīrì	xīngqīrì	

星期日: 일요일

yī		

一: 일, 하나

èr		

二: 이, 둘

sān		

三: 삼, 셋

sì		

四: 사, 넷

wǔ		

五: 오, 다섯

liù		

六: 육, 여섯

qī		

七: 칠, 일곱

bā		

八: 팔, 여덟

jiǔ		

九: 구, 아홉

shí		

十: 십, 열

8 那儿有卖衣服的吗

1 녹음을 잘 듣고 그림과 일치하면 √, 아니면 ×로 표시해 봅시다.

2 녹음을 잘 듣고 알맞은 그림의 알파벳을 네모칸 안에 써넣어 봅시다.

① ② ③

3 녹음을 잘 듣고 내용과 일치하면 √, 아니면 ×로 표시해 봅시다.

Nàr yǒu mài màozi de.
① 那儿有 卖 帽子 的。（　　）

Yǒu hóngsè de.
② 有 红 色 的。（　　）

Diànnǎo shì báisè de.
③ 电 脑 是白色的。（　　）

4 서로 어울리는 그림과 대화를 연결해 봅시다.

Qiánmiàn yǒu mài shuǐguǒ de ma?
A:前面　有 卖 水 果 的吗？

Qiánmiàn yǒu mài shuǐguǒ de.
B:前面　有 卖 水 果 的。

Zhè ge hóngsè bēizi shì zài nǎr mǎi de?
A:这个红 色杯子是 在哪儿买 的？

Shì zài shāngdiàn mǎi de.
B:是在 商 店 买 的。

Nǐ mǎi shénme yánsè de xié?
A:你买 什么 颜色的鞋？

Wǒ mǎi báisè de.
B:我 买白色的。

5 그림을 보고 물음에 대답해 봅시다.

① 那儿有卖鞋的吗? ______________
Nàr yǒu mài xié de ma?

② 那儿有红色的鞋吗? ______________
Nàr yǒu hóngsè de xié ma?

6 뜻을 기억하면서 써 봅시다.

Nàr yǒu mài yīfu de ma?

那儿有卖衣服的吗? 저쪽에 옷 파는 곳이 있어요?

Nín mǎi shénme yánsè de?

您买什么颜色的? 어떤 색깔로 드릴까요?

9 她会说汉语吗

1 녹음을 잘 듣고 병음을 완성한 후, 알맞은 한자를 연결해 봅시다. 

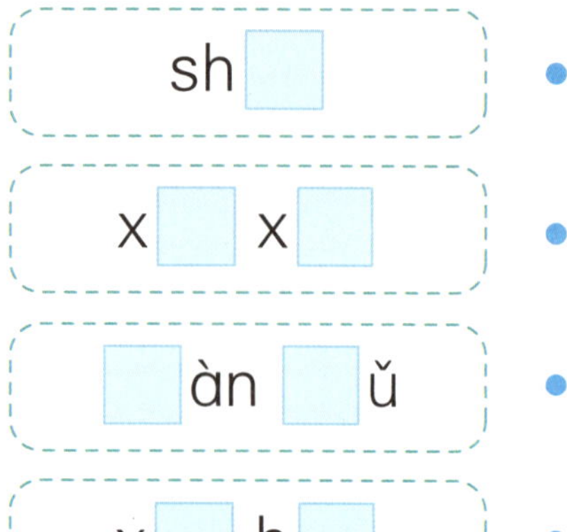

- 汉语
- 说
- 喜欢
- 学习

2 녹음을 잘 듣고 알맞은 병음을 골라 봅시다. 

① Tā huì shuō [Hánguóyǔ. / Hànyǔ.]

② Wǒ xǐhuan [dúshū. / dùshù.]

③ Māma [bú huì / bù huí] shuō Hànyǔ.

3 서로 어울리는 그림과 대화를 연결해 봅시다.

Nǐ huì shuō Yīngyǔ ma?
A:你会 说 英语 吗?

Wǒ huì shuō Yīngyǔ.
B:我会 说 英语。

Zhège hóngsè bēizi shì zài nǎr mǎi de?
A:这个红色杯子是在哪儿买的?

Shì zài shāngdiàn mǎi de.
B:是在商店买的。

Nǐ mǎi shénme yánsè de xié?
A:你买什么颜色的鞋?

Wǒ mǎi báisè de.
B:我买白色的。

4 알맞은 낱말을 골라 문장을 완성해 봅시다.

① Wǒ ______ dúshū.
我______读书。

② Nǐ huì shuō ______ ma?
你会说______吗?

③ ______ gāoxìng rènshi nǐ.
______高兴认识你。

5 그림에 알맞은 중국어를 넣어 완성한 다음 대답해 봅시다.

① Nǐ xǐhuan ... ma?
你喜欢  吗?

② Nǐ xǐhuan shuō ... ma?
你喜欢 说 

吗?

③ Nǐ xǐhuan kàn ... ma?
你喜欢 看  吗?

6 뜻을 기억하면서 써 봅시다.

Tā huì shuō Hànyǔ ma?

他会说汉语吗? 그는 중국어를 할 줄 아니?

Wǒ hěn xǐhuan xuéxí Hànyǔ.

我很喜欢学习汉语。 난 중국어 공부를 아주 좋아해.

10 你家都有谁

1 녹음을 잘 듣고 알맞은 운모를 찾아 병음을 완성해 봅시다.  10-1

ǒu ōu

Nǐ jiā d__ y__ shéi?

ie iě èi ei

j__ j__ hé m__ m__

2 녹음을 잘 듣고 알맞은 인물과 직업을 연결해 봅시다.  10-2

3 알맞은 낱말을 골라 문장을 완성해 봅시다.

A 在 (zài)　　B 和 (hé)　　C 是 (shì)

Wǒ bàba　　yīshēng.
我爸爸____医生。

Wǒ māma shì lǎoshī.
我妈妈是老师。

Wǒ hái yǒu gēge　　dìdi.
我还有哥哥____弟弟。

Wǒ gēge　　gōngsī gōngzuò.
我哥哥____公司工作。

4 서로 어울리는 문장의 알파벳을 네모칸 안에 써넣어 봅시다.

보기 Tā shì shéi?
他是谁?

E

① Nǐ yǒu mèimei ma?
你有妹妹吗?

② Nǐ bà zài nǎr gōngzuò?
你爸在哪儿工作?

③ Nǐ jiě shì fúwùyuán ma?
你姐是服务员吗?

④ Nǐ jiā háiyǒu shéi?
你家还有谁?

A. Shì, tā zài bīnguǎn gōngzuò.
是,她在宾馆工作。

B. Wǒ jiā háiyǒu yéye.
我家还有爷爷。

C. Wǒ yǒu mèimei.
我有妹妹。

D. Tā zài xuéxiào gōngzuò.
他在学校工作。

E. Tā shì wǒ gēge.
他是我哥哥。

5 그림을 보고 질문에 대답해 봅시다.

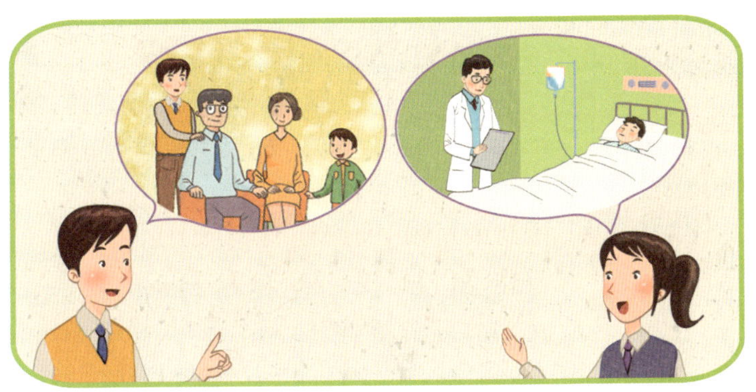

Nǐ jiā dōu yǒu shéi?
A:你家都有谁?

Wǒ jiā yǒu hái yǒu
B:我家有_____、_____，还有_____。

Nǐ bàba zuò shénme gōngzuò?
A:你爸爸做什么工作?

Wǒ bàba shì zài gōngzuò.
B:我爸爸是_____，在_____工作。

6 획순에 따라 한자를 써 봅시다.

gōng 工: 一 丅 工

工	工	工		

yǒu 有: 一 ナ 冇 有 有 有

有	有	有		

zài 在: 一 ナ 才 左 在 在

在	在	在		

shì 是: 丨 冂 日 日 旦 早 早 是 是

是	是	是		

11 你家住在哪里

1 녹음을 잘 듣고 병음을 완성한 후, 알맞은 한자를 연결해 봅시다. 

2 들은 순서대로 알맞은 그림에 번호를 써 봅시다. 11-2

( ) ( ) ( )

3 서로 어울리는 문장의 알파벳을 네모칸 안에 써넣어 봅시다.

Nǐ shì nǎ guó rén?
① 你是哪国人？ 

Nǐ shì bu shì Hánguórén?
② 你是不是韩国人？ 

Nǐ rèn bu rènshi wǒ gēge?
③ 你认不认识我哥哥？ 

Nǐ xǐ bu xǐhuan dúshū?
④ 你喜不喜欢读书？

Nǐ kàn méi kànjiàn wǒ de shū?
⑤ 你看没看见我的书？

Tā qù nǎr le?
⑥ 他去哪儿了？

Wǒ bú rènshi nǐ gēge.
A. 我不认识你哥哥。

Wǒ shì Zhōngguórén.
B. 我是中国人。

Wǒ xǐhuan dúshū.
C. 我喜欢读书。

Búshì, wǒ shì Rìběnrén.
D. 不是，我是日本人。

Tīngshuō qù xuéxiào le.
E. 听说去学校了。

Wǒ méi kànjiàn nǐ de shū.
F. 我没看见你的书。

4 그림을 보고 알맞은 낱말을 골라 문장을 완성해 봅시다.

Nǐ qù nǎr?
A: 你去哪儿？

Wǒ qù
B: 我去__________。

Tā qù nǎr le?
A: 他去哪儿了？

Tīngshuō
B: 听说__________。

5 한국어를 중국어로 번역해 말해 봅시다.

A: 너희 집은 어디에 있니?

____

B: 우리 집은 서울에 있어.

____

A: 넌 한국 사람이니?

____

B: 아니, 난 중국 사람이야.

____

6 획순에 따라 한자를 써 봅시다.

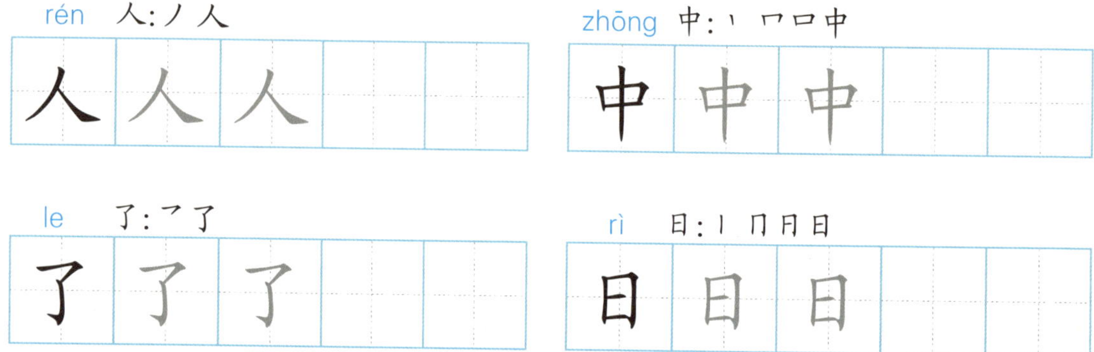

12 喜欢哪一个

1 녹음을 잘 듣고 알맞은 병음을 써넣어 봅시다. 

( ) guǒ
水果

Zhōngguó ( )
中国菜

miàn ( )
面条

( ) lǐ
哪里

2 대화를 읽고 알맞은 그림의 알파벳을 네모칸 안에 써넣어 봅시다.

A 

B 

C 

D 

① Nǐ ài chī jīdàn ma?
A:你爱吃鸡蛋吗?

Wǒ ài chī jīdàn.
B:我爱吃鸡蛋。

② Nàxiē shuǐguǒ nǐ xǐhuan nǎ yí gè?
A:那些水果你喜欢哪一个?

Wǒ xǐhuan chī xīguā.
B:我喜欢吃西瓜。

③ Nǐ ài bu ài chī Zhōngguó cài?
A:你爱不爱吃中国菜?

Wǒ ài chī Zhōngguó cài, yě ài chī Hánguó cài.
B:我爱吃中国菜，也爱吃韩国菜。

④ Nǐ xǐhuan chī miàntiáo ma?
A:你喜欢吃面条吗?

Wǒ bù xǐhuan chī miàntiáo, wǒ ài chī mǐfàn.
B:我不喜欢吃面条，我爱吃米饭。

3 그림을 보고 물음에 대답해 봅시다.

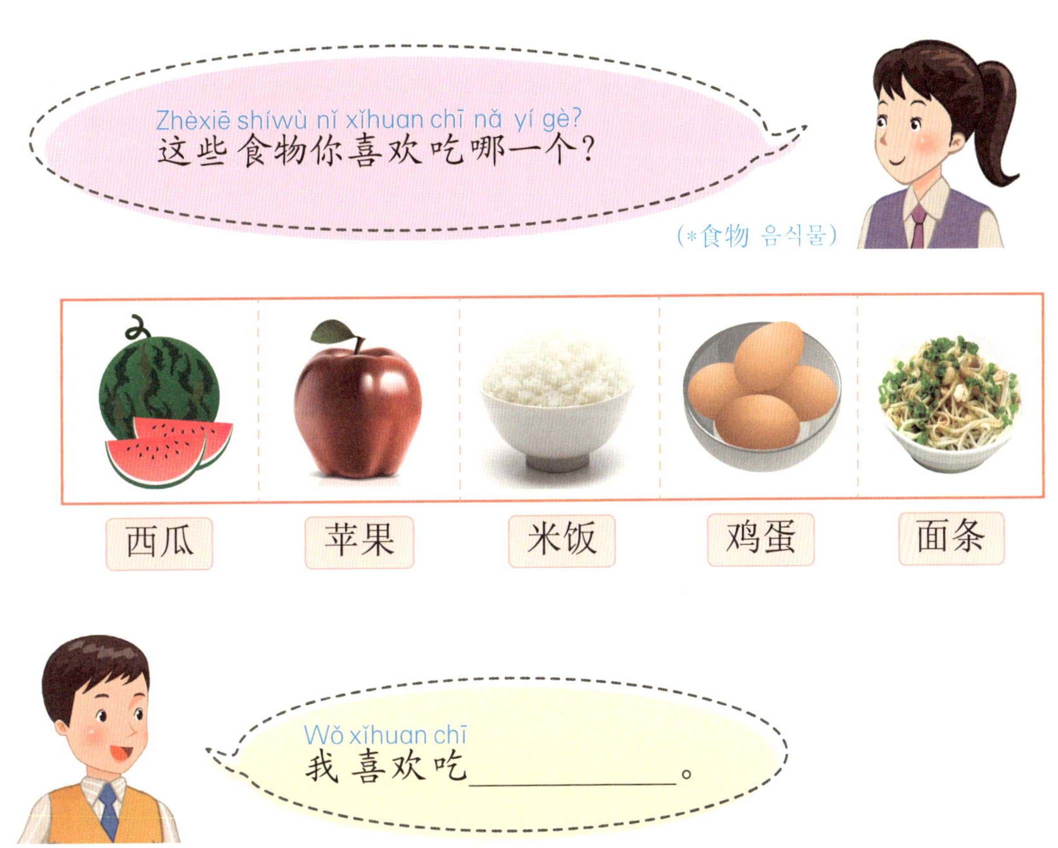

4 획순에 따라 한자를 써 봅시다.

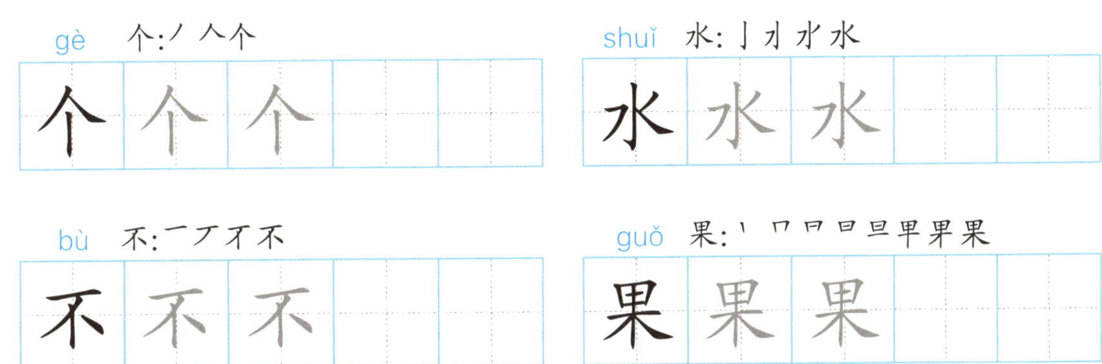

13 你能写几个汉字

1 녹음을 잘 듣고 알맞은 답에 체크해 봅시다.

① A 能 (néng) B 不能 (bù néng)

② A 20个 (20 ge) B 30个 (30 ge) C 50个 (50 ge)

③ A 八点 (bā diǎn) B 九点 (jiǔ diǎn) C 十点 (shídiǎn)

④ A 上午 (shàngwǔ) B 中午 (zhōngwǔ) C 下午 (xiàwǔ)

2 알맞은 낱말을 골라 문장을 완성해 봅시다.

A 谢谢 (Xièxie) B 没关系 (Méi guānxi) C 对不起 (Duìbuqǐ) D 请问 (Qǐngwèn)

① A:星期天，你能来学校吗？
Xīngqītiān, nǐ néng lái xuéxiào ma?

B:(　　)。星期天我有事。
Xīngqītiān wǒ yǒu shì.

② A:对不起，我不会做饭。
Duìbuqǐ, wǒ bú huì zuò fàn.

B:(　　)。我来做。
Wǒ lái zuò.

③ A:(　　)，火车站在哪儿？
huǒchēzhàn zài nǎr?

B:火车站在那儿。
Huǒchēzhàn zài nàr.

A:(　　)。

3 획순에 따라 한자를 써 봅시다.

yī 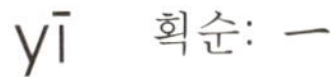

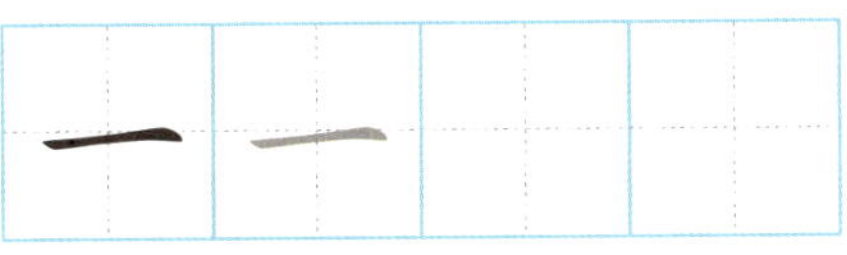

(1, 하나, 일)

èr 획순: 一 二

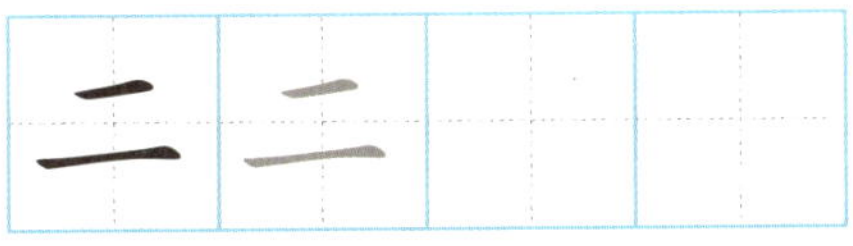

(2, 둘, 이)

sān 획순: 一 二 三

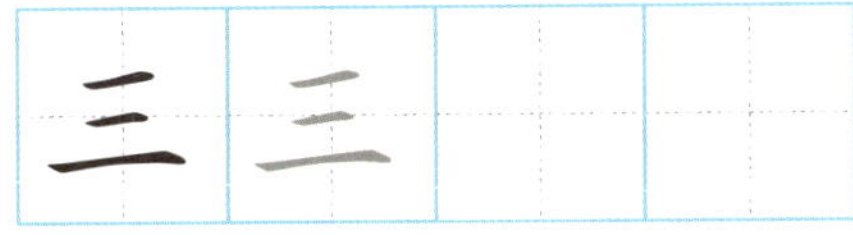

(3, 셋, 삼)

sì 획순: 丨 冂 冋 四 四

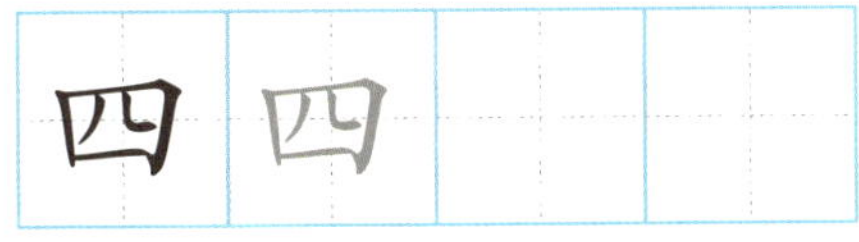

(4, 넷, 사)

wǔ 획순: 一 丆 五 五

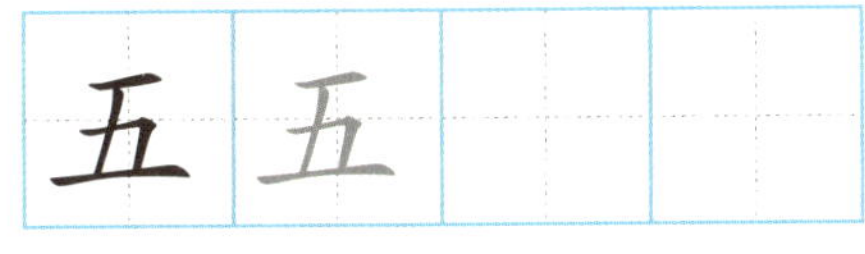

(5, 다섯, 오)

liù 획순: 丶 亠 六 六

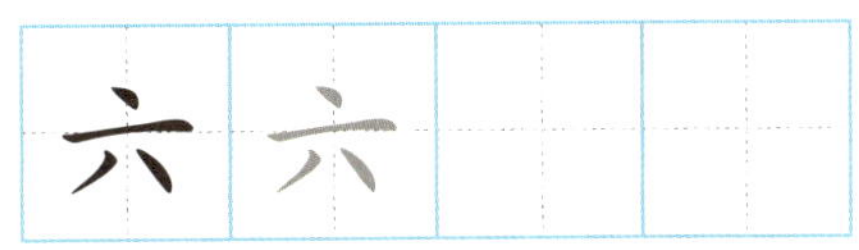

(6, 여섯, 육)

qī 획순: 一 七

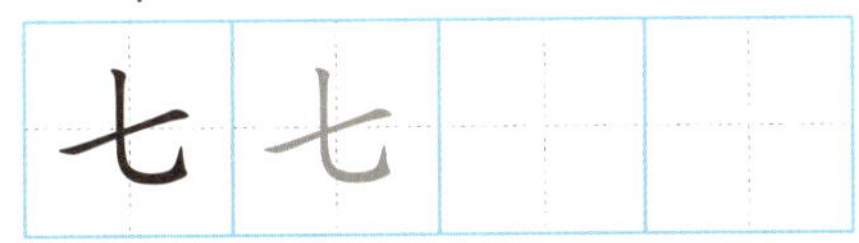

(7, 일곱, 칠)

bā 획순: 丿 八

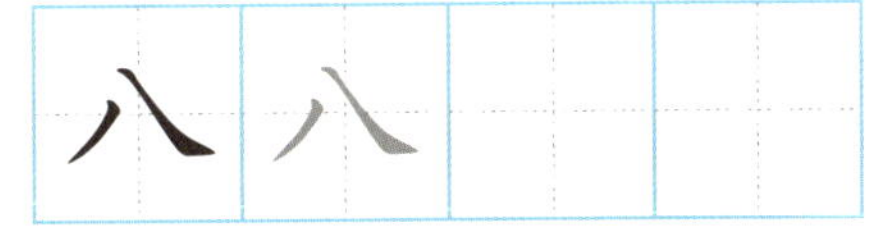

(8, 여덟, 팔)

jiǔ 획순: 丿 九

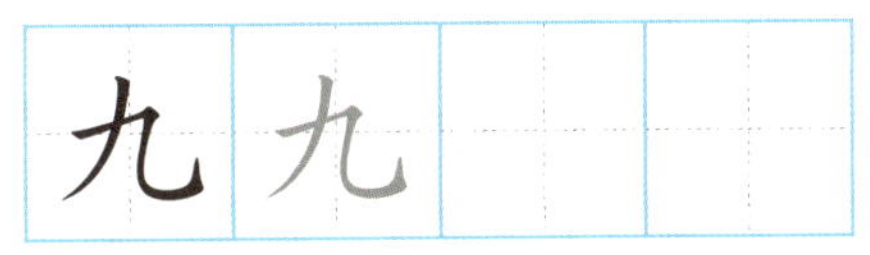

(9, 아홉, 구)

shí 획순: 一 十

(10, 열, 십)

4 小明을 도와 한자 숫자를 쓰면서 숫자 징검다리를 건너봅시다.

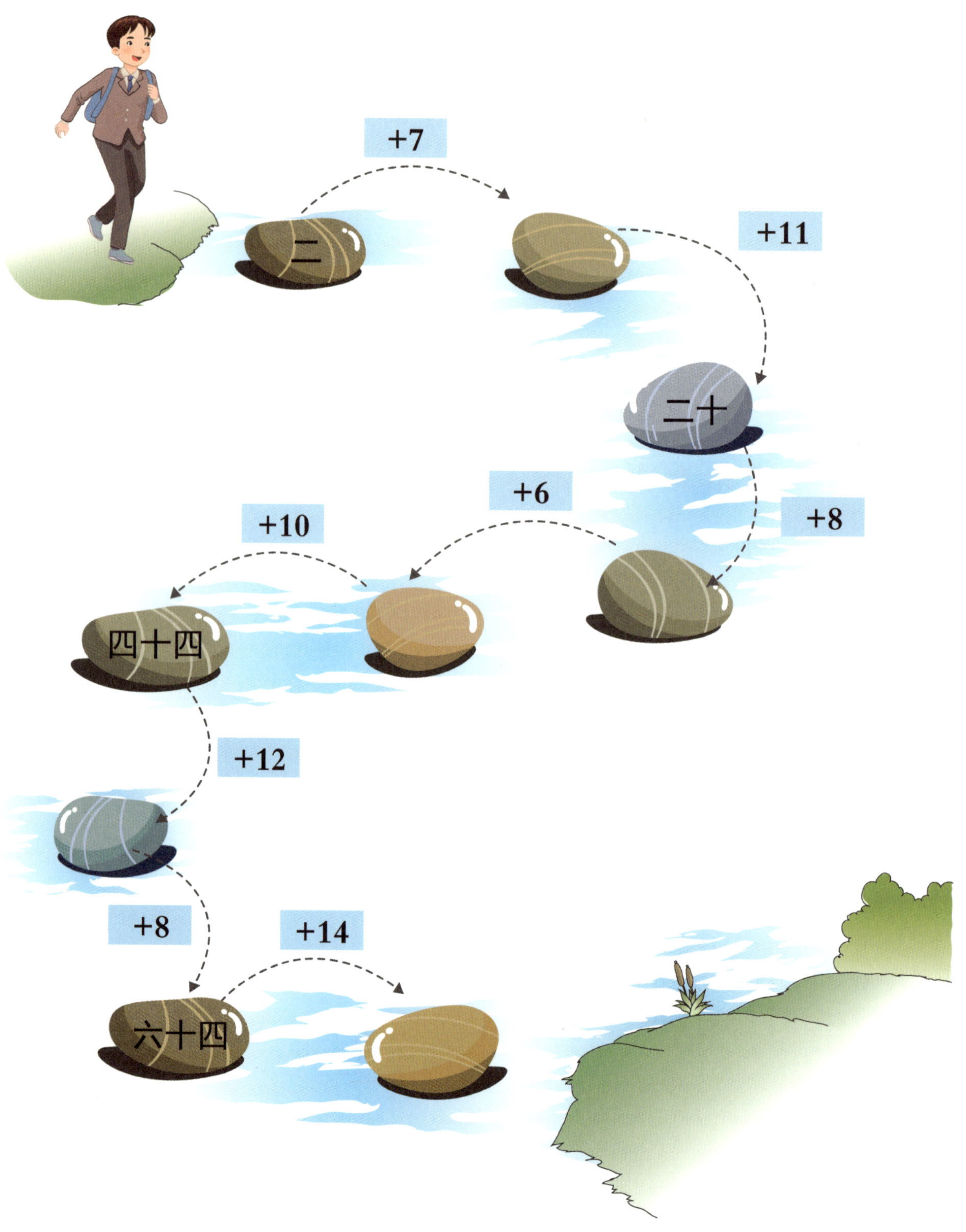

14 是什么时候回到韩国的

1 녹음을 잘 듣고 알맞은 장소와 교통수단을 연결해 봅시다. 

① 

② 

③ 

④ 

2 알맞은 낱말을 골라 넣어 문장을 완성해 봅시다.

shíjiān A 时间	shíhou B 时候	zěnme C 怎么	shénme D 什么

Qù xuéxiào de zuò dìtiě ba.
① 去学校的（　　）坐地铁吧。

Xiànzài de shì liǎng diǎn shíwǔ fēn.
② 现在的（　　）是两点十五分。

Nǐ shì shíhou dào xuéxiào de?
③ 你是（　　）时候到学校的？

Nǐmen shì qù Běijīng de?
④ 你们是（　　）去北京的？

3 문장을 읽고 물음에 대답해 봅시다.

Jīntiān shì 5 yuè 6 hào, xīngqī sì. Míngtiān wǒ
今天是5月6号，星期四。明天我
huí Hánguó, shì zuò chuán qù de. Wǒ jiā zhù zài Shǒu'ěr
回韩国，是坐船去的。我家住在首尔
Míngdòng. Dào Shǒu'ěr, wǒ zuò dìtiě huí jiā.
明洞。到首尔，我坐地铁回家。

"Wǒ" shénme shíhou huí Hánguó?
①"我"什么时候回韩国？ ____________

"Wǒ" shì zěnme huí Hánguó de?
②"我"是怎么回韩国的？ ____________

"Wǒ" jiā zhù zài nǎr?
③"我"家住在哪儿？ ____________

4 알맞은 병음을 골라 체크해 봅시다.

怎么	① zěnme	② zhěnme
坐船	① zhuò chuán	② zuò chuán
出租车	① cūzhūchē	② chūzūchē
学校	① xuéxiào	② xiéxiào
什么	① shénme	② sénme

5 획순에 따라 한자를 써 봅시다.

de 的: ノ 亻 白 白 白 的 的 的

的 的 的

shí 时: 丨 冂 月 日 日一 时 时

时 时 时

qù 去: 一 十 土 去 去

去 去 去

zuò 坐: ノ 人 ㅅㅅ 从 从 坐 坐

坐 坐 坐

6 알맞은 한자를 골라 ○로 표시해 봅시다.

① 这些（水/不）果你喜欢吃（哪/那）一个？

② 地铁什么（的/时）间到？

③ 你看没看见我（同/回）学？

④ 你爱不爱吃（来/米）饭？

15 您有几个孩子

1 녹음을 잘 듣고 알맞은 병음을 찾아 써 봅시다.

lǚ nǚ lǔ nǔ

Jīn lǎoshī de __ ér

zhú zú nán lán

__ qiú hé __ qiú

2 들은 순서대로 알맞는 그림에 번호를 써 봅시다.

3 그림을 보면서 바르게 연결해 봅시다.

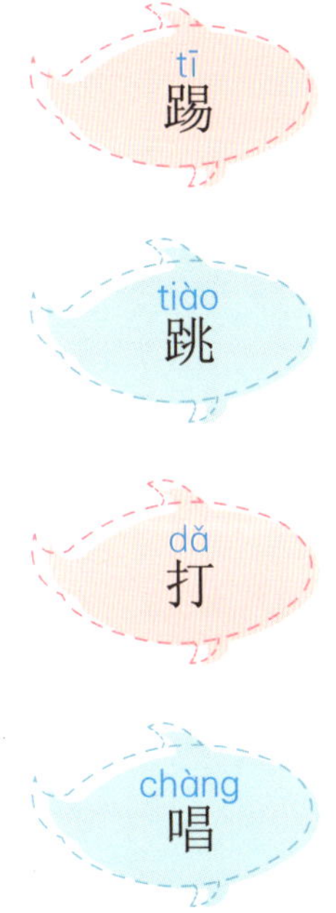

lánqiú
____篮球

gē
____歌

zúqiú
____足球

wǔ
____舞

4 서로 어울리는 문장의 알파벳을 네모칸 안에 써넣어 봅시다.

Tā shì shéi de nǚ'ér?
① 她是 谁 的女儿？

Tā shì shéi?
② 他是 谁？

Nǐ jiā yǒu jǐ ge háizi?
③ 你家有几个孩子？

Nǐ érzi xǐhuan xiǎo gǒu ma?
④ 你儿子喜欢 小 狗 吗？

Tā shì wǒ de lǎoshī.
A. 他是我的老师。

Tā xǐhuan xiǎo gǒu.
B. 他喜欢 小 狗。

Tā shì wǒ jiě de nǚ'ér.
C. 她是我姐的女儿。

Wǒ jiā yǒu sān ge háizi.
D. 我家有 三个孩子。

5 그림을 보면서 다음의 질문에 대답해 봅시다.

① 

Nǐ xǐhuan tī zúqiú ma?
A: 你喜欢踢足球吗?

B: ________________

② 

Nǐ huì bu huì chàng Zhōngguó gē?
A: 你会不会 唱 中 国 歌?

B: ______________________

③ 

Nǐ xǐhuan kàn diànyǐng ma?
A: 你喜欢 看 电 影 吗?

Wǒ bù xǐhuan　　　　wǒ xǐhuan
B: 我不喜欢____, 我喜欢____。

6 획순에 따라 한자를 써 봅시다.

jǐ　几: 丿 几

几	几	几		

ér　儿: 丿 儿

儿	儿	儿		

nǚ　女: 𡿨 㚢 女

女	女	女		

zǐ　子: ㇇ 了 子

子	子	子		

16 你想吃什么

1 녹음을 잘 듣고 알맞은 그림에 체크해 봅시다. 16-1

2 알맞은 낱말을 연결해 봅시다.

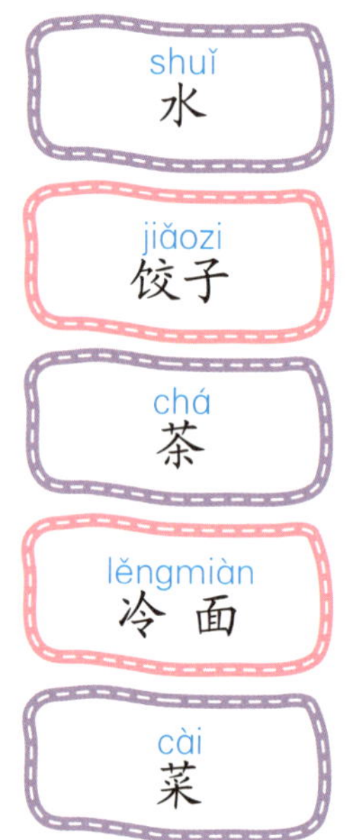

3 알맞은 말을 골라 넣어 대화를 완성해 봅시다.

tài hǎo le ①太好了	tài kèqi le ②太客气了	tài xièxie le ③太谢谢了

Zhè shì nǐ ài hē de niúnǎi.
A: 这是你爱喝的牛奶。

B: ______________。

Wǒmen qù dǎ lánqiú zěnmeyàng?
A: 我们去打篮球怎么样?

B: ______________。

Xièxie nǐ qǐng wǒ hē kāfēi.
A: 谢谢你请我喝咖啡。

B: ______________。

4 그림을 보고 질문에 대답해 봅시다.

Tā xiǎng kàn shénme?
① 他 想 看 什 么? ____________

Tā xiǎng chī shénme?
② 他 想 吃 什 么? ____________

Tā xiǎng hē shénme?
③ 他 想 喝 什 么? ____________

Tā xiǎng zuò shénme?
④ 他 想 坐 什 么? ____________

5 획순에 따라 한자를 써 봅시다.

tiān 天: 一 二 チ 天

天	天	天		

nǐ 你: ノ 亻 亻' 亻ケ 佇 你 你

你	你	你		

tài 太: 一 ナ 大 太

太	太	太		

hǎo 好: く 女 女 女' 好 好

好	好	好		

17 你去哪儿了

1 녹음을 잘 듣고 알맞게 연결해 봅시다. 17-1

2 잘 듣고 어디에 가서 무엇을 하는지 연결해 봅시다.

shāngdiàn
商店

xuéxiào
学校

fànguǎn
饭馆

3 아래의 숫자를 중국어로 말해 봅시다.

56: ____________　　78: ____________

103: ____________　　112: ____________

300: ____________　　140: ____________

4 알맞은 낱말을 빈칸에 골라 넣어 문장을 완성해 봅시다.

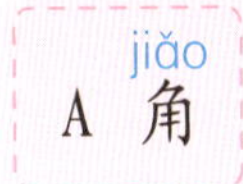

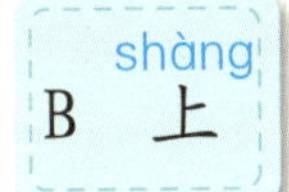

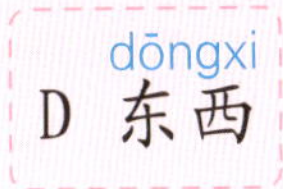

① Yīfu zhēn ______, duōshao qián?
衣服真______，多少钱？

② Wǒ qù bǎihuò shāngdiàn mǎi ______ le.
我去百货商店买______了。

③ A: Xīguā duōshao qián yì jīn?
西瓜多少钱一斤？

B: Bā yuán wǔ ______.
八元五______。

④ Nǐ ______ nǎr qù mǎi shuǐguǒ?
你______哪儿去买水果？

⑤ A: Wǒ xiǎng ______ nǐ hē kāfēi.
我想______你喝咖啡。

B: Nín ______ kèqi le.
您______客气了。

5 그림을 보고 대화를 완성해 말해 봅시다.

① 

Nǐ qù shāngdiàn mǎi shénme?
A: 你去商店买什么?

B: ____________________

② 

Niúnǎi duōshao qián?
A: 牛奶多少钱?

B: ____________________

③ 

Shì zài nǎr mǎi de?
A: 是在哪儿买的?

B: ____________________

6 획순에 따라 한자를 써 봅시다.

bǎi 百: 一 丆 丆 百 百 百

百	百	百			

mǎi 买: ㇇ ㇇ ㇇ 三 买 买

买	买	买			

duō 多: ノ ク タ 夕 多 多

多	多	多			

shǎo 少: 丨 ⺌ 小 少

少	少	少			

18 今天天气怎么样

1 잘 듣고 서로 어울리는 그림을 연결해 봅시다. 18-1

① 

② 

③ 

④ 

2 대화를 읽고 알맞은 그림의 알파벳을 네모칸 안에 써넣어 봅시다.

A

B

C

D

Nǐ bàba zuò shénme gōngzuò?
① A:你爸爸做什么工作?

Wǒ bàba kāi chūzūchē.
B:我爸爸开出租车。

Nǐ zěnme huí jiā?
② A:你怎么回家?

Wǒ zuò gōnggòng qìchē huí jiā.
B:我坐公共汽车回家。

Tīngshuō míngtiān xià xuě.
③ A:听说明天下雪。

Shì ma? Nà huì hěn lěng de.
B:是吗?那会很冷的。

Míngtiān yǒu yǔ ma?
④ A:明天有雨吗?

Tīngshuō yǒu dà yǔ.
B:听说有大雨。

3 획순에 따라 한자를 써 봅시다.

míng 明: 丨 ㄇ ㄖ 日 ⽇丿 明明明

明	明	明		

xià 下: 一丅下

下	下	下		

huí 回: 丨 冂冂冋回回

回	回	回		

yǔ 雨: 一丆万币币雨雨雨

雨	雨	雨		

4 낱말을 알맞게 배열하여 문장을 만들어 써 봅시다.

보기 了 太 好

太好了！

① 雨　有　明天

____

② 多少　你　了　水果　买

____

5 병음을 읽고 알맞은 한자를 써 봅시다.

① 你想（ zuò ）什么回家？

② 你爸爸做什么（ gōng ）作？

③ 听说明天（ xià ）雪。

Xīn Hànyǔ shuǐpíng kǎoshì
新汉语水平考试
yī jí mónǐ shìtí
HSK（一级）模拟试题

新HSK 1급 모의문제 [1]

Tīnglì
一、听力 (듣기)

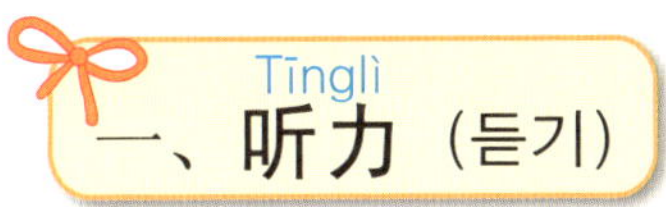

Dì-yī bùfen
第一部分(제1부분)

잘 듣고 그림과 일치하면√, 아니면 ×로 표시해 봅시다. (1—5) 19-1

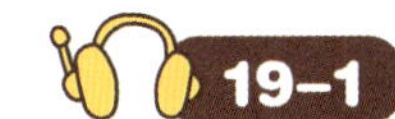

보기	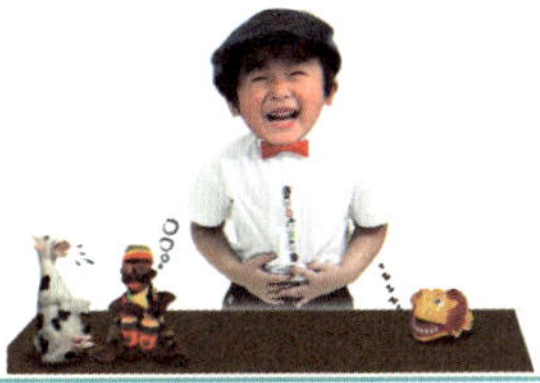	√
1.	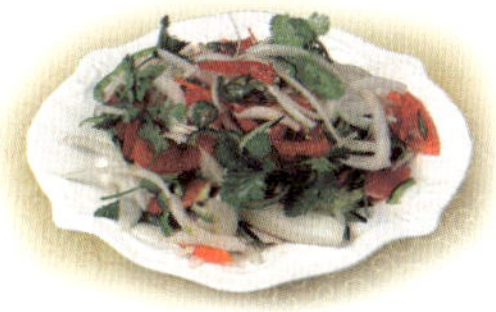	
2.	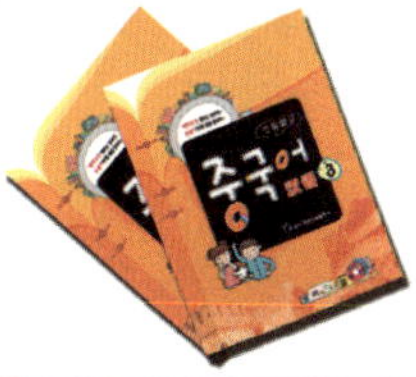	
3.	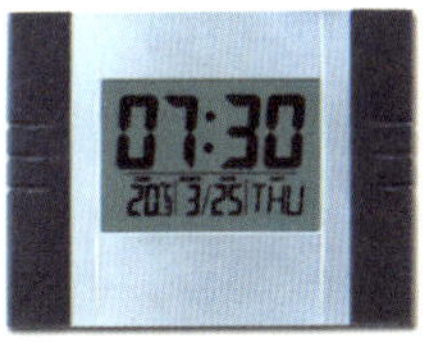	
4.	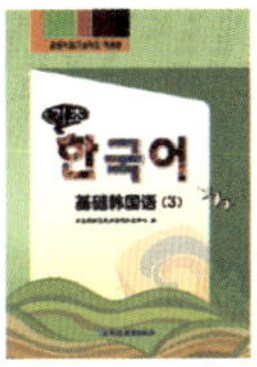	
5.	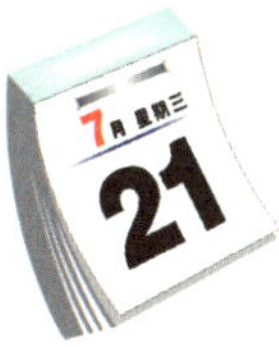	

Dì-èr bùfen
第二部分(제2부분)

잘 듣고 알맞은 그림에 체크해 봅시다. (6—10) 

6.	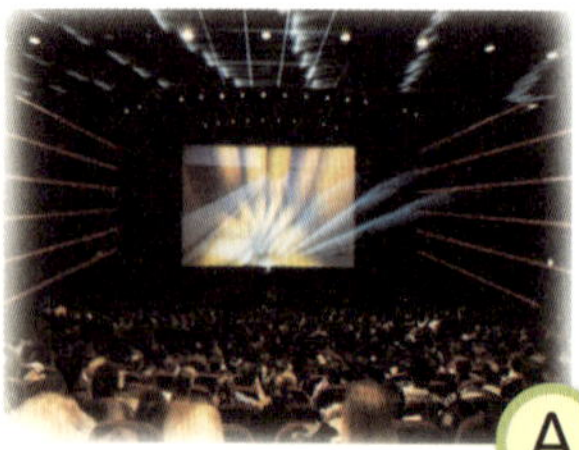 A	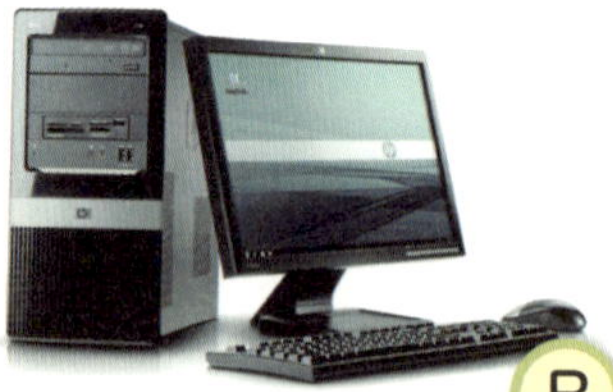 B	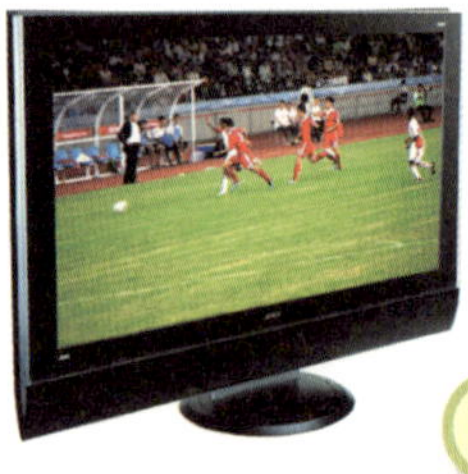 C
7.	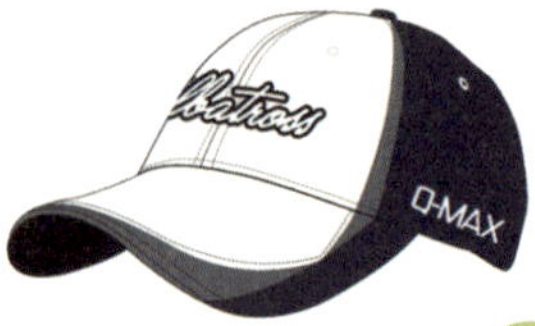 A	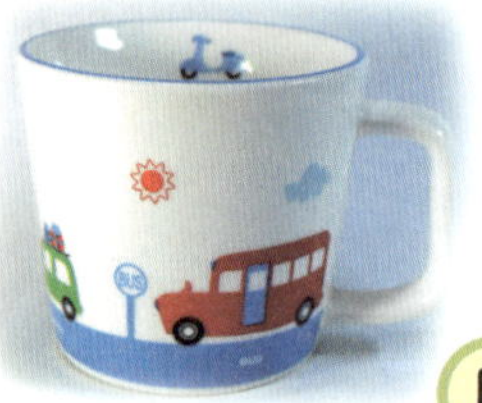 B	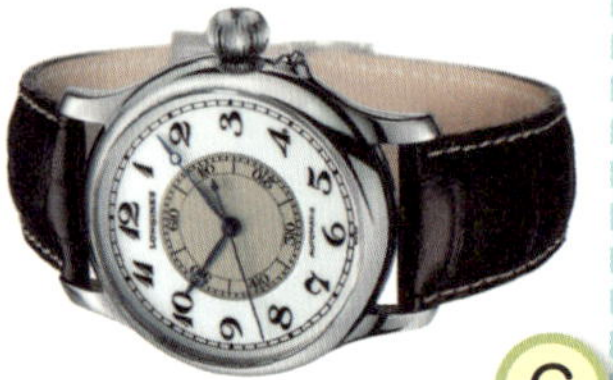 C
8.	A	B	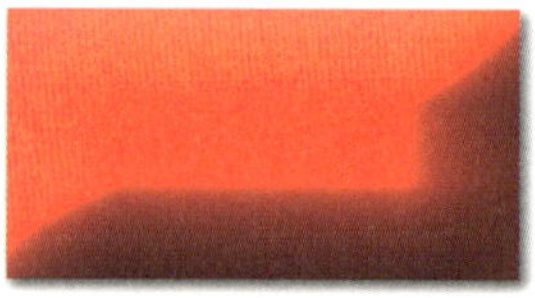 C
9.	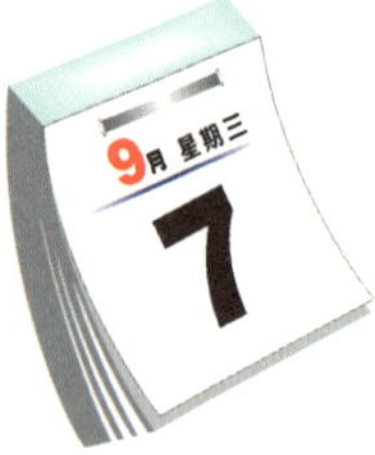 A 9月 星期三 7	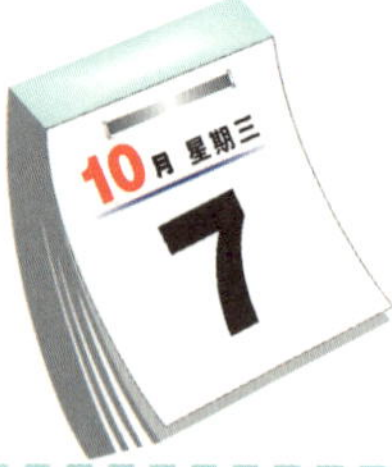 B 10月 星期三 7	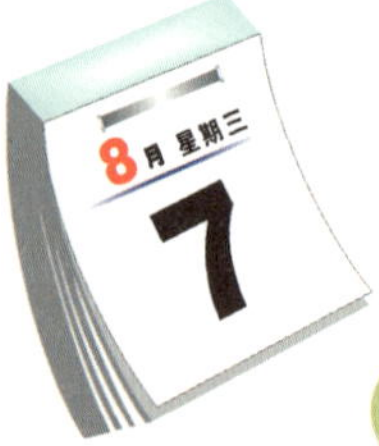 C 8月 星期三 7
10.	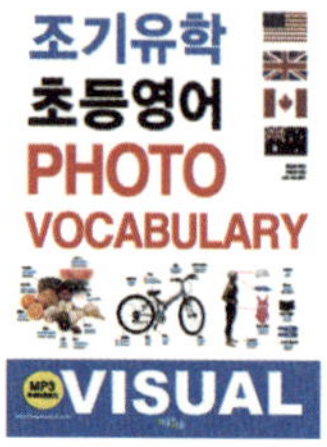 A 조기유학 초등영어 PHOTO VOCABULARY VISUAL	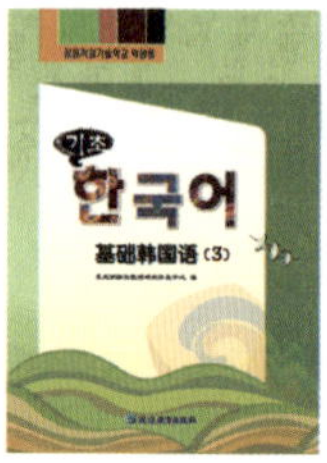 B 한국어 基础韩国语(3)	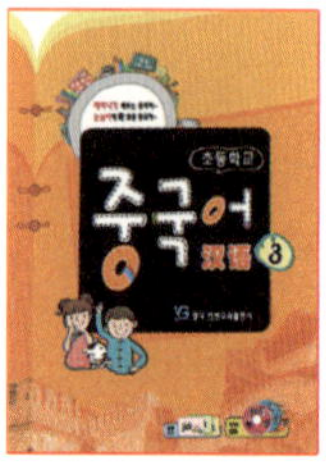 C 중국어

Dì-sān bùfen
第 三部分(제3부분)

잘 듣고 알맞은 그림의 알파벳을 네모칸 안에 써넣어 봅시다. (11—15) 

A 

B 

C 

D 

E 

F 

보기 女:你几岁？(Nǚ: Nǐ jǐ suì?) 男:我六岁。(Nán: Wǒ liù suì.) D

11. 

12. 

13. 

14. 

15. 

Dì-sì bùfen
第四部分(제4부분)

잘 듣고 알맞은 답에 체크해 봅시다. (16—20) 

보기
Xiànzài bā diǎn shí fēn.
现在八点十分。

Wèn: Xiànzài shì jǐ diǎn?
问：现在是几点？

A qī diǎn shí fēn 七点十分　B bā diǎn shí fēn 八点十分 √　C jiǔ diǎn shí fēn 九点十分

16. A lǎoshī 老师　B tóngxué 同学　C bàba 爸爸

17. A shāngdiàn 商店　B fànguǎn 饭馆　C yīyuàn 医院

18. A hóng 红　B bái 白　C hēi 黑

19. A Yīngyǔ 英语　B Hánguóyǔ 韩国语　C Hànyǔ 汉语

20. A mài xié de 卖鞋的　B mài màozi de 卖帽子的　C mài yīfu de 卖衣服的

Dì-yī bùfen
第一部分(제1부분)

그림과 낱말이 일치하면√, 아니면 ×로 표시해 봅시다. (21—25)

보기		diànnǎo 电脑	×
21.		píngguǒ 苹果	
22.		kàn 看	
23.		shǒubiǎo 手表	
24.		mǎi 买	
25.		màozi 帽子	

Dì-èr bùfen
第二部分(제2부분)

문장을 읽고 알맞은 그림의 알파벳을 네모칸 안에 써넣어 봅시다. (26—30)

A

B

C

D

E

F

보기 Tā zài kàn diànyǐng ne.
他在看电影呢。 C

Wǒ hěn xǐhuan xuéxí Hànyǔ.
26. 我很喜欢学习汉语。

Wǒ mǎile sì běn shū.
27. 我买了四本书。

Zhèr mài píngguǒ.
28. 这儿卖苹果。

Zhuōzi shang yǒu mǐfàn.
29. 桌子上有米饭。

Wǒ yǒu hóng yánsè de màozi.
30. 我有红颜色的帽子。

Dì-sān bùfen
第三部分(제3부분)

서로 어울리는 문장의 알파벳을 네모칸 안에 써넣어 봅시다. (31—35)

보기 Yīyuàn de qiánmiàn shì shénme? 医院的前面是什么?	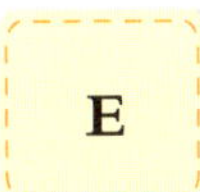 E	A	Hěn xǐhuan. 很喜欢。
31. Nàr yǒu shénme? 那儿有什么?		B	Mài diànnǎo. 卖电脑。
32. Nǐ xǐhuan xuéxí ma? 你喜欢学习吗?		C	Yǒu shāngdiàn. 有商店。
33. Zhèlǐ mài diànnǎo ma? 这里卖电脑吗?		D	Wǒ mǎi yīfu. 我买衣服。
34. Jǐ diǎn huí jiā? 几点回家?		E	Qiánmiàn shì shāngdiàn. 前面是商店。
35. Nǐ mǎi shénme? 你买什么?		F	Bā diǎn huí jiā. 八点回家。

Dì-sì bùfen
第四部分(제4부분)

알맞은 낱말을 선택하여 문장을 만들어 봅시다.(36—40)

A gāoxìng 高兴	B yánsè 颜色	C mài 卖	D shénme 什么	E fànguǎn 饭馆	F lǎoshī 老师

보기 Nǐ jiào míngzi?
你叫（ D ）名字？

36. Tā shì wǒde
她是我的（　　）。

37. Nàr méiyǒu shāngdiàn, yǒu
那儿没有商店，有（　　）。

38. Rènshi nǐ hěn
认识你很（　　）。

39. Zhèr shénme?
这儿（　　）什么？

40. Nǚ: Nǐ mǎi shénme de?
女：你买什么（　　）的？
Nán: Hóng de.
男：红的。

新HSK 1급 모의문제 [2]

Dì–yī bùfen
第一部分(제1부분)

잘 듣고 그림과 일치하면 √, 아니면 ×로 표시해 봅시다. (1—5)

보기	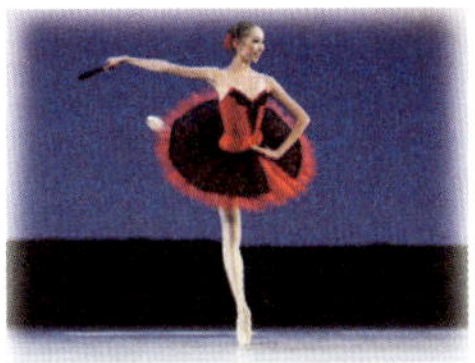	√
1.	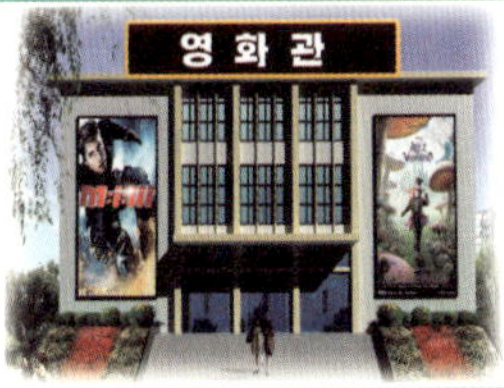 영화관	
2.	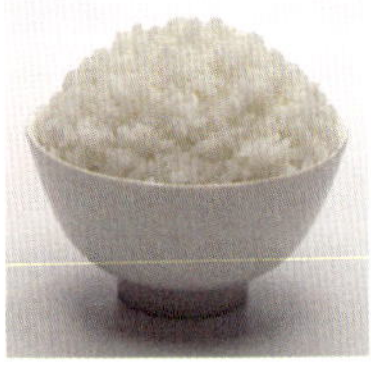	
3.	서울	
4.	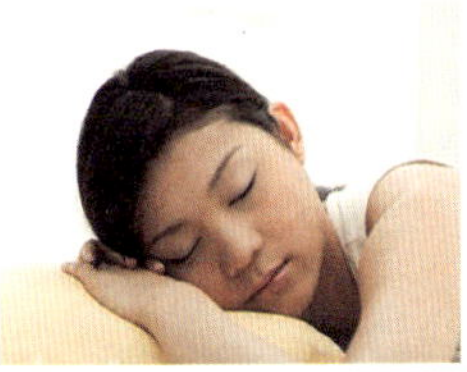	
5.	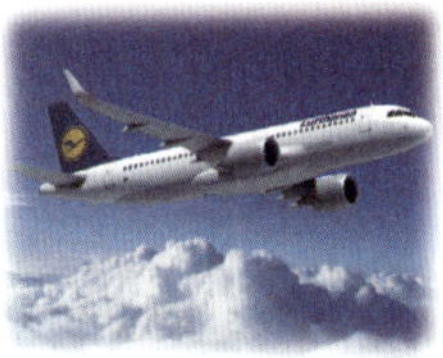	

Dì-èr bùfen
第二部分(제2부분)

잘 듣고 알맞은 그림에 체크해 봅시다. (6—10) 

6.	 A	 B	 C
7.	 A	 B	 C
8.	 A	 B	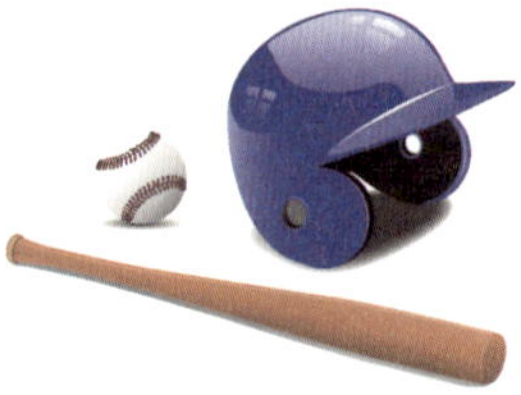 C
9.	 A	 B	 C
10.	 A	 B	 C

Dì-sān bùfen
第三部分(제3부분)

잘 듣고 알맞은 그림의 알파벳을 네모칸 안에 써넣어 봅시다. (11—15) 

A 

B 

C 

D 

E 

F 

보기 Nán: Míngtiān tiānqì zěnmeyàng? Nǚ: Míngtiān yǒu yǔ.
男：明天天气怎么样？ 女：明天有雨。 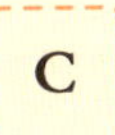

11. 

12. 

13. 

14. 

15. 

Dì-sì bùfen
第四部分(제4부분)

잘 듣고 알맞은 답에 체크해 봅시다.（16—20） 

보기 Xīngqītiān, wǒmen zuò chuán qùle Shànghǎi.
星期天，我们坐 船 去了上 海。

Wèn: Tāmen xīngqī jǐ qù de Shànghǎi?
问：他们星期几去的上 海？

A 星期天 √ (xīngqītiān)　B 星期一 (xīngqī yī)　C 星期二 (xīngqī èr)

16. A 医院 (yīyuàn)　B 饭馆 (fànguǎn)　C 学校 (xuéxiào)

17. A 四十 (sìshí)　B 五十 (wǔshí)　C 六十 (liùshí)

18. A 面条 (miàntiáo)　B 西瓜 (xīguā)　C 鸡蛋 (jīdàn)

19. A 杯子 (bēizi)　B 书 (shū)　C 电脑 (diànnǎo)

20. A 首尔 (Shǒu'ěr)　B 北京 (Běijīng)　C 东京 (Dōngjīng)

Dì–yī bùfen
第一部分(제1부분)

그림과 낱말이 일치하면√, 아니면 ×로 표시해 봅시다. (21—25)

보기		yǐzi 椅子	×
21.		chūzūchē 出租车	
22.		nǚrén 女人	
23.		xiǎo māo 小 猫	
24.		yīshēng 医生	
25.		xià xuě 下雪	

Dì-èr bùfen
第二部分(제2부분)

문장을 읽고 알맞은 그림의 알파벳을 네모칸 안에 써넣어 봅시다. (26—30)

A

B

C

D

E

F

보기 Wǒ hěn xǐhuan zhè běn shū.
我很喜欢这本书。 F

Tā zài chī fàn ne.
26. 他在吃饭呢。

Nǐ zuò dìtiě huí jiā ba.
27. 你坐地铁回家吧。

Māma zài xuéxiào gōngzuò.
28. 妈妈在学校工作。

Gēge xǐhuan tī qiú.
29. 哥哥喜欢踢球。

Tā shì lǎoshī de érzi.
30. 他是老师的儿子。

Dì-sān bùfen
第三部分(제3부분)

서로 어울리는 문장의 알파벳을 네모칸 안에 써넣어 봅시다. (31—35)

Tā shì nǎ guó rén? 보기: 他是哪国人?	F	Xièxie. **A** 谢谢。
Xiānsheng, qǐng hē chá. 31. 先生，请喝茶。		Diànyǐng. **B** 电影。
Jīntiān jǐ hào? 32. 今天几号?		8 diǎn. **C** 8点。
Nǐ ài kàn shénme? 33. 你爱看什么?		Xiǎo gǒu. **D** 小狗。
Nà shì shénme? 34. 那是什么?		6 hào. **E** 6号。
Jǐ diǎn de huǒchē? 35. 几点的火车?		Zhōngguórén. **F** 中国人。

Dì-sì bùfen
第四部分(제4부분)

알맞은 낱말을 선택하여 문장을 만들어 봅시다.(36—40)

A	B	C	D	E	F
shíhou 时候	zěnmeyàng 怎么样	bīnguǎn 宾馆	shuìjiào 睡觉	méi guānxi 没关系	duōshao 多少

보기 Zhè yīfu (F) qián mǎi de?
这衣服（ F ）钱买的？

36. Wǒ jiějie zài ( ) gōngzuò.
我姐姐在（ ）工作。

37. Nǐ shì shénme ( ) dào xuéxiào de.
你是什么（ ）到学校的。

38. Wǒ wǎnshang shí diǎn ( ).
我晚上十点（ ）。

39. Nán: Míngtiān tiānqì ( )?
男：明天天气（ ）？
Nǚ: Míngtiān hěn lěng.
女：明天很冷。

40. Nǚ: Duìbuqǐ, jīntiān bù néng hé nǐ kàn diànyǐng le.
女：对不起，今天不能和你看电影了。
Nán: ( ).
男：（ ）。

정답

1 你好

1. 听力
보기: b
① m ② t ③ l ④ a ⑤ o ⑥ i ⑦ ü

2. 听力
① mǎ ② má ③ mà ④ mā

3. 听力
bàba, māma, yīfu

4. ① Nǐ hǎo! ② Zàijiàn!

5. i — yi u — wu ü — yu

2 你几岁

1. 听力
g, k, h, j, q, x

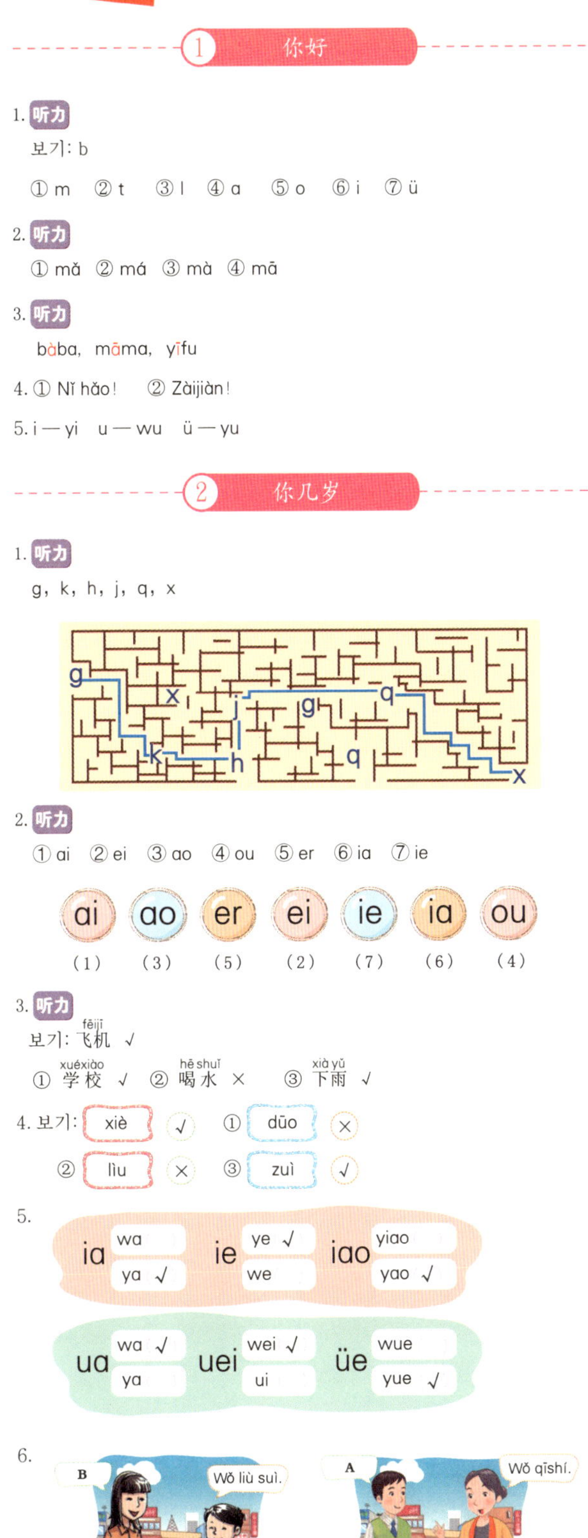

2. 听力
① ai ② ei ③ ao ④ ou ⑤ er ⑥ ia ⑦ ie

ai (1) ao (3) er (5) ei (2) ie (7) ia (6) ou (4)

3. 听力
보기: 飞机(fēijī) √
① 学校(xuéxiào) √ ② 喝水(hē shuǐ) × ③ 下雨(xià yǔ) √

4. 보기: xiè √ ① dūo ×
② lìu × ③ zuì √

5. ia: wa, ya √ ie: ye √, we iao: yiao, yao √
ua: wa √, ya uei: wei √, ui üe: wue, yue √

6. B Wǒ liù suì. A Wǒ qīshí.

3 你叫什么名字

1. 听力
보기: z
① c ② uang ③ s ④ an ⑤ eng ⑥ zh ⑦ ün ⑧ ying

2. 听力
gāoxìng, shénme, míngzi

3. 听力
① A: 你叫什么名字?(Nǐ jiào shénme míngzi?) B: 我叫王小明。(Wǒ jiào Wáng Xiǎomíng.) (A)
② A: 你叫什么名字?(Nǐ jiào shénme míngzi?) B: 我叫李阳。(Wǒ jiào Lǐ Yáng.) (B)

4. shāngdiàn fànguǎn huǒchēzhàn

5.
你叫什么名字?(Nǐ jiào shénme míngzi?) — 我叫李阳。(Wǒ jiào Lǐ Yáng.)
很高兴认识你!(Hěn gāoxìng rènshi nǐ!) — 我也很高兴。(Wǒ yě hěn gāoxìng.)
你多大?(Nǐ duō dà?) — 我十四。(Wǒ shísì.)

4 他是谁

1. 听力
① shéi (A) ② bàba (B) ③ bēizi (C) ④ zhè shì (B)

2. 听力
① A: 他是谁?(Tā shì shéi?) B: 她是我弟弟。(Tā shì wǒ dìdi.)
② A: 这是谁的杯子?(Zhè shì shéi de bēizi?) B: 这是我的杯子。(Zhè shì wǒ de bēizi.)
③ A: 他是谁?(Tā shì shéi?) B: 他是我爸爸。(Tā shì wǒ bàba.)
④ A: 这是谁的衣服?(Zhè shì shéi de yīfu?) B: 这是我的衣服。(Zhè shì wǒ de yīfu.)

3. ① C ② B ③ A

4.
A: 这是什么?(Zhè shì shénme?) B: 这是电视。(Zhè shì diànshì.)
A: 她是谁?(Tā shì shéi?) B: 她是我妈妈。(Tā shì wǒ māma.)
A: 他是谁的同学?(Tā shì shéi de tóngxué?) B: 他是我的同学。(Tā shì wǒ de tóngxué.)

정답

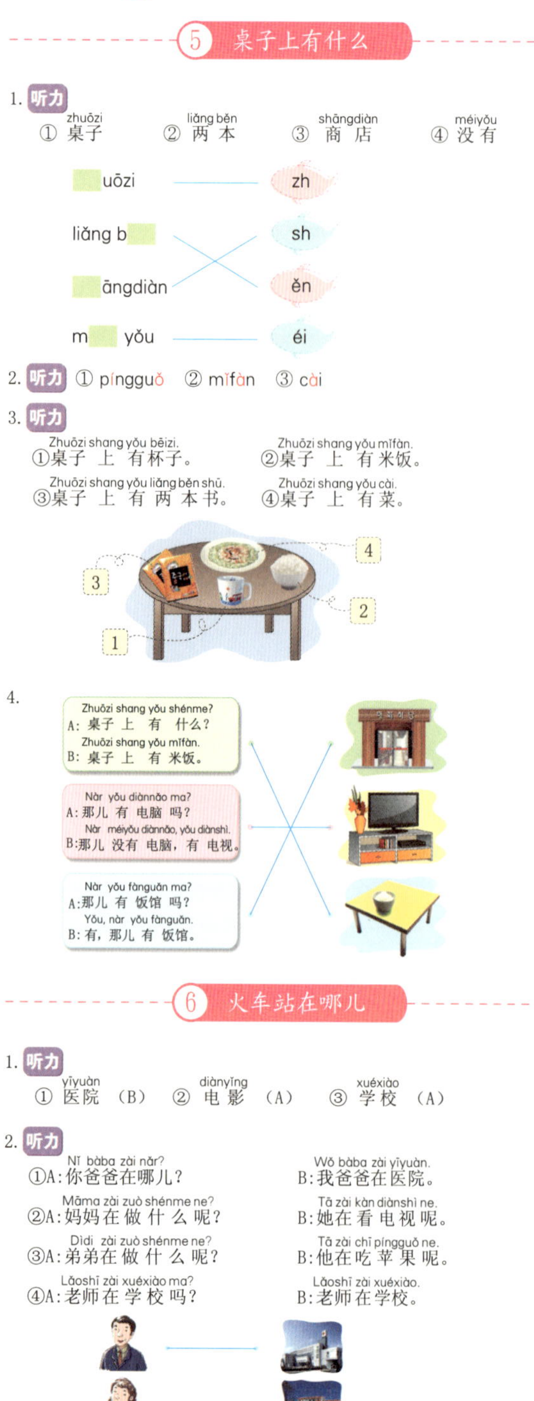

5 桌子上有什么

1. 听力
① zhuōzi 桌子 ② liǎng běn 两本 ③ shāngdiàn 商店 ④ méiyǒu 没有

uōzi — zh
liǎng b — ěn
āngdiàn — sh
m yǒu — éi

2. 听力 ① píngguǒ ② mǐfàn ③ cài

3. 听力
① Zhuōzi shang yǒu bēizi. 桌子上有杯子。 ② Zhuōzi shang yǒu mǐfàn. 桌子上有米饭。
③ Zhuōzi shang yǒu liǎng běn shū. 桌子上有两本书。 ④ Zhuōzi shang yǒu cài. 桌子上有菜。

4.
Zhuōzi shang yǒu shénme?
A: 桌子上有什么?
Zhuōzi shang yǒu mǐfàn.
B: 桌子上有米饭。

Nàr yǒu diànnǎo ma?
A: 那儿有电脑吗?
Nàr méiyǒu diànnǎo, yǒu diànshì.
B: 那儿没有电脑，有电视。

Nàr yǒu fànguǎn ma?
A: 那儿有饭馆吗?
Yǒu, nàr yǒu fànguǎn.
B: 有，那儿有饭馆。

6 火车站在哪儿

1. 听力
① yīyuàn 医院 (B) ② diànyǐng 电影 (A) ③ xuéxiào 学校 (A)

2. 听力
① Nǐ bàba zài nǎr? A: 你爸爸在哪儿? Wǒ bàba zài yīyuàn. B: 我爸爸在医院。
② Māma zài zuò shénme ne? A: 妈妈在做什么呢? Tā zài kàn diànshì ne. B: 她在看电视呢。
③ Dìdi zài zuò shénme ne? A: 弟弟在做什么呢? Tā zài chī píngguǒ ne. B: 他在吃苹果呢。
④ Lǎoshī zài xuéxiào ma? A: 老师在学校吗? Lǎoshī zài xuéxiào. B: 老师在学校。

3. ① Huǒchēzhàn zài nàr. 火车站在那儿。 ② Wǒ zài kàn diànshì ne. 我在看电视呢。

4.
Qǐngwèn, huǒchēzhàn zài nǎr?
请问，火车站在哪儿?
말씀 좀 여쭐게요. 기차역이 어디인지요?

Huǒchēzhàn zài nàr.
火车站在那儿。
기차역은 그곳에 있어요.

7 现在几点

2. 听力
① Jīntiān jǐ hào? A: 今天几号? Jīntiān liù hào. B: 今天六号。
② Míngtiān jǐ yuè jǐ hào? A: 明天几月几号? Míngtiān yī yuè bā hào. B: 明天一月八号。
③ Zuótiān xīngqī jǐ? A: 昨天星期几? Zuótiān xīngqī yī. B: 昨天星期一。

jīntiān 今天 — 6
míngtiān 明天 — 8
zuótiān 昨天 — 21

3. shí diǎn shí fēn　bā diǎn shíwǔ fēn
shíyī diǎn sānshí fēn

4.
Qǐngwèn, xiànzài jǐ diǎn?
A: 请问，现在几点?
Xiànzài sān diǎn sìshí.
B: 现在三点四十。

Míngtiān shì xīngqī èr ma?
A: 明天是星期二吗?
Míngtiān shì xīngqī èr.
B: 明天是星期二。

Xīngqī sān shì jǐ hào?
A: 星期三是几号?
Xīngqī sān shì sānshí hào.
B: 星期三是三十号。

8 那儿有买衣服的吗

1. 听力
① Tā de yīfu shì hóngsè de. 她的衣服是红色的。 (√) ② Wǒ de màozi shì báisè de. 我的帽子是白色的。 (×)
③ Nàr yǒu mài hēisè yīfu de ma? 那儿有卖黑色衣服的吗? (×) ④ Yǒu hóngsè de màozi ma? 有红色的帽子吗? (√)

2. 听力
① Nàr yǒu mài shuǐguǒ de ma? A: 那儿有卖水果的吗? Yǒu mài shuǐguǒ de. B: 有卖水果的。 (B)
② Nǐ mǎi shénme yánsè de yīfu? A: 你买什么颜色的衣服? Wǒ mǎi báisè de yīfu. B: 我买白色的衣服。 (C)
③ Nàr yǒu mài hēisè shǒubiǎo de ma? A: 那儿有卖黑色手表的吗?
Nàr méiyǒu mài hēisè shǒubiǎo de, yǒu mài báisè shǒubiǎo de. B: 那儿没有卖黑色手表的，有卖白色手表的。 (A)

3. 听力
① Nàr yǒu mài yīfu de ma? A: 那儿有卖衣服的吗? Nàr yǒu mài yīfu de. B: 那儿有卖衣服的。 (×)
② Nǐ mǎi shénme yánsè de? A: 你买什么颜色的? Yǒu hóngsè de ma? B: 有红色的吗? Méiyǒu hóngsè de. A: 没有红色的。 (×)
③ Nǐ de diànnǎo shì shénme yánsè de? A: 你的电脑是什么颜色的? Wǒ de diànnǎo shì báisè de. B: 我的电脑是白色的. (√)

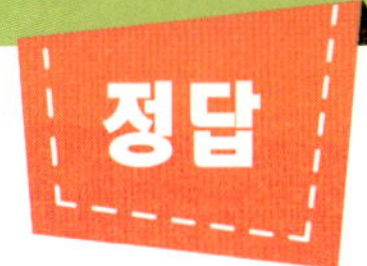

4.

5. ① Nàr yǒu mài xié de. 那儿有卖鞋的。 ② Nàr méiyǒu hóngsè de xié. 那儿没有红色的鞋。

9 她会说汉语吗

1. 听力

① shuō 说 ② xuéxí 学习 ③ Hànyǔ 汉语 ④ xǐhuan 喜欢

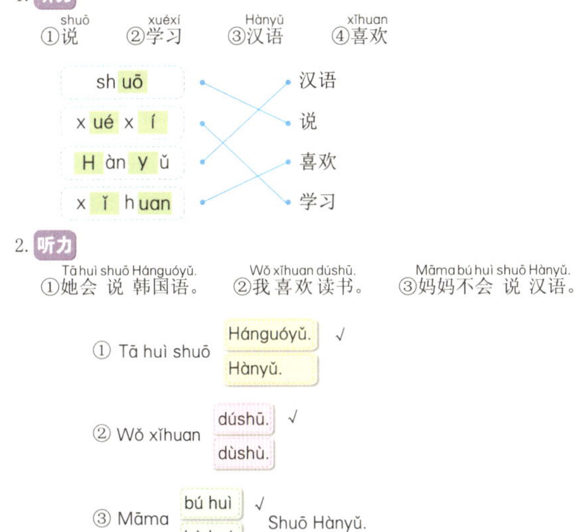

2. 听力

① Tā huì shuō Hánguóyǔ. 她会说韩国语。 ② Wǒ xǐhuan dúshū. 我喜欢读书。 ③ Māma bú huì shuō Hànyǔ. 妈妈不会说汉语。

3.

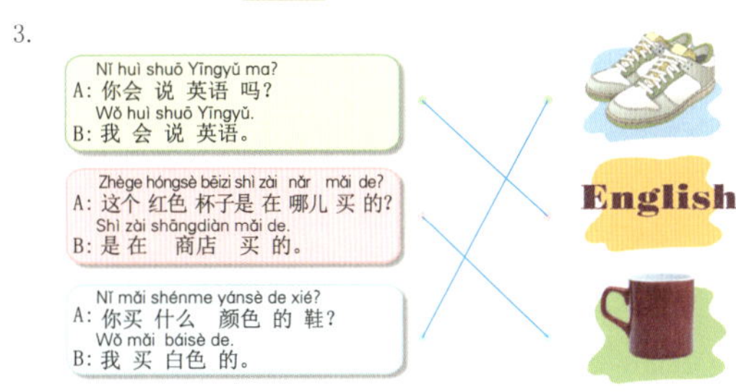

4. ① B ② A ③ C

5. ① Nǐ xǐhuan dúshū ma? 你喜欢<u>读书</u>吗? ② Nǐ xǐhuan shuō Hánguóyǔ ma? 你喜欢说<u>韩国语</u>吗?
③ Nǐ xǐhuan kàn diànshì ma? 你喜欢看<u>电视</u>吗?

10 你家都有谁

1. 听力

① Nǐ jiā dōu yǒu shéi?

② jiějie hé mèimei

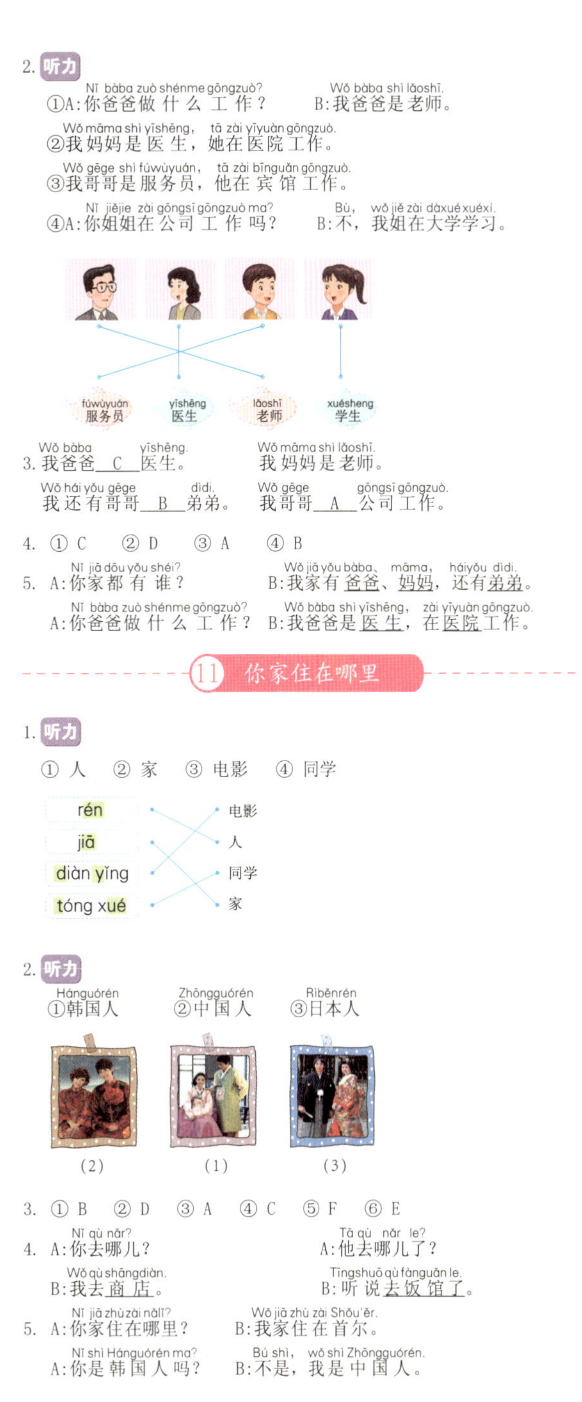

2. 听力

① Nǐ bàba zuò shénme gōngzuò? A:你爸爸做什么工作? Wǒ bàba shì lǎoshī. B:我爸爸是老师。
② Wǒ māma shì yīshēng, tā zài yīyuàn gōngzuò. 我妈妈是医生，她在医院工作。
③ Wǒ gēge shì fúwùyuán, tā zài bīnguǎn gōngzuò. 我哥哥是服务员，他在宾馆工作。
④ Nǐ jiějie zài gōngsī gōngzuò ma? A:你姐姐在公司工作吗? Bù, wǒ jiě zài dàxué xuéxí. B:不，我姐在大学学习。

fúwùyuán 服务员 yīshēng 医生 lǎoshī 老师 xuésheng 学生

3. Wǒ bàba yīshēng. 我爸爸__C__医生。 Wǒ māma shì lǎoshī. 我妈妈是老师。
Wǒ hái yǒu gēge didi. 我还有哥哥__B__弟弟。 Wǒ gēge gōngsī gōngzuò. 我哥哥__A__公司工作。

4. ① C ② D ③ A ④ B

5. Nǐ jiā dōu yǒu shéi? A:你家都有谁? Wǒ jiā yǒu bàba、māma, háiyǒu didi. B:我家有<u>爸爸</u>、<u>妈妈</u>，还有<u>弟弟</u>。
Nǐ bàba zuò shénme gōngzuò? A:你爸爸做什么工作? Wǒ bàba shì yīshēng, zài yīyuàn gōngzuò. B:我爸爸是<u>医生</u>，在<u>医院</u>工作。

11 你家住在哪里

1. 听力

① 人 ② 家 ③ 电影 ④ 同学

rén / jiā / diàn yǐng / tóng xué — 电影 / 人 / 同学 / 家

2. 听力

① Hánguórén 韩国人 ② Zhōngguórén 中国人 ③ Rìběnrén 日本人

(2) (1) (3)

3. ① B ② D ③ A ④ C ⑤ F ⑥ E

4. Nǐ qù nǎr? A:你去哪儿? Tā qù nǎr le? A:他去哪儿了?
Wǒ qù shāngdiàn. B:我去<u>商店</u>。 Tīngshuō qù fànguǎn le. B:听说<u>去饭馆了</u>。

5. Nǐ jiā zhù zài nǎlǐ? A:你家住在哪里? Wǒ jiā zhù zài Shǒu'ěr. B:我家住在首尔。
Nǐ shì Hánguórén ma? A:你是韩国人吗? Bú shì, wǒ shì Zhōngguórén. B:不是，我是中国人。

12 喜欢哪一个

1. 听力

① shuǐguǒ 水果 ② Zhōngguócài 中国菜 ③ miàntiáo 面条 ④ nǎlǐ 哪里

2. ① D ② A ③ B ④ C

정답

13 你能写几个汉字

1. 听力

Zhōngwǔ nǐ néng huí jiā ma?　　Zhōngwǔ wǒ bù néng huí jiā.
①A: 中午 你 能 回家吗？　　B: 中午 我不能 回家。

Wèn: Zhōngwǔ tā néng huí jiā ma?
问：中午她能回家吗？（B）

Nǐ néng xiě jǐ ge Hànzì?　　Wǒ néng xiě 30 ge Hànzì.
②A: 你能写几个汉字？　　B: 我能写30个汉字。

Wèn: Tā néng xiě jǐ ge Hànzì?
问：她能写几个汉字？（B）

Nǐ wǎnshang jǐ diǎn shuìjiào?　　Wǒ wǎnshang 10 diǎn shuìjiào.
③A: 你晚上几点睡觉？　　B: 我晚上10点睡觉。

Wèn: Tā jǐ diǎn shuìjiào?
问：她几点睡觉？（C）

Míngtiān qù kàn diànyǐng zěnmeyàng?　　Jǐ diǎn de diànyǐng?
④A: 明天去看电影怎么样？　　B: 几点的电影？

Xiàwǔ 2 diǎn de diànyǐng.
A: 下午2点的电影。

Wèn: Míngtiān shénme shíhou qù kàn diànyǐng?
问：明天什么时候去看电影？（C）

2. ① C　② B　③ D, A

4.

14 是什么时候回到韩国的

1. 听力

Nǐ shì zěnme qù Shànghǎi de?　　Wǒ shì zuò chuán qù Shànghǎi de.
①A: 你是怎么去上海的？　　B: 我是坐船去上海的。

Nǐ zuò shénme qù yīyuàn?　　Zuò chūzūchē qù.
②A: 你坐什么去医院？　　B: 坐出租车去。

Nǐ shì zěnme lái Shǒu'ěr de?　　Wǒ shì zuò dìtiě lái de.
③A: 你是怎么来首尔的？　　B: 我是坐地铁来的。

Nǐ zuò shénme qù Běijīng?　　Wǒ zuò fēijī qù.
④A: 你坐什么去北京？　　B: 我坐飞机去。

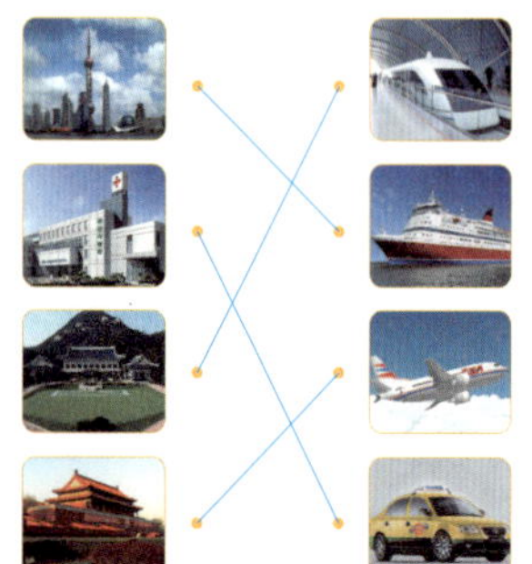

2. ① B　② A　③ D　④ C

3. Wǒ 5 yuè 7 hào huí Hánguó.
①我5月7号回韩国。
Wǒ zuò chuán qù Hánguó.
②我坐船去韩国。
Wǒ jiā zhù zài Shǒu'ěr.
③我家住在首尔。

4. 怎么①　坐船②　出租车②　学校①　什么①

6. ①这些（水/不）果你喜欢吃（哪/那）一个？
②地铁什么（的/时）间到？　③你看没看见我（同/回）学？
④你爱不爱吃（来/米）饭？

15 您有几个孩子

1. 听力

① Jīn lǎoshī de nǚ'ér　② zúqiú hé lánqiú

2. 听力

Zhāng lǎoshī de nǚ'ér hěn xǐhuan xiǎo māo.
① 张老师的女儿很喜欢小猫。
Wǒ xǐhuan tī zúqiú.
② 我喜欢踢足球。
Wǒ ài chànggē, yě xǐhuan tiàowǔ.
③ 我爱唱歌，也喜欢跳舞。
Wǒ huì dǎ lánqiú.
④ 我会打篮球。

3.

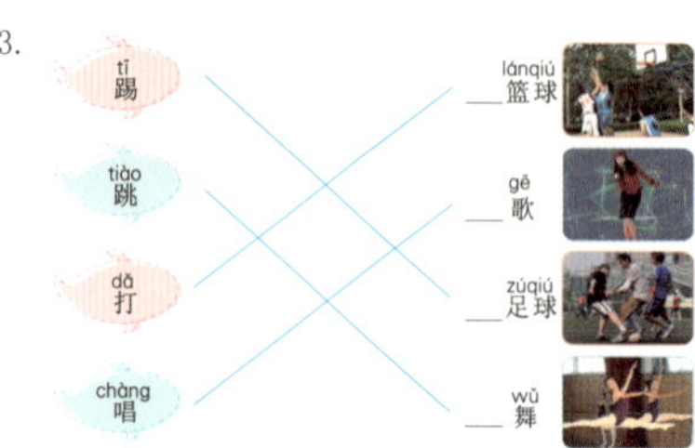

4. ① C　② A　③ D　④ B

5. Wǒ xǐhuan tī zúqiú.
①我喜欢踢足球。
Wǒ huì chàng Zhōngguó gē.
②我会唱中国歌。
Wǒ bù xǐhuan kàn diànyǐng, wǒ xǐhuan kàn diànshì.
③我不喜欢看电影，我喜欢看电视。

16 你想吃什么

1. 听力

Xiānsheng, nín hē diǎn shénme?　　Qǐng lái yì bēi chá.
①A: 先生，您喝点什么？　　B: 请来一杯茶。　（C）

Wǎnshang nǐ xiǎng chī shénme?　　Wǒ xiǎng chī jiǎozi.
②A: 晚上你想吃什么？　　B: 我想吃饺子。　（A）

Nǐ xiǎng qù nǎr?　　Wǒ xiǎng qù Zhōngguó Shànghǎi.
③A: 你想去哪儿？　　B: 我想去中国上海。　（C）

Wǒmen mǎi xīguā zěnmeyàng?　　Tài hǎo le, wǒ hěn ài chī xīguā.
④A: 我们买西瓜怎么样？　　B: 太好了，我很爱吃西瓜。　（B）

2.

hē 喝 — shuǐ 水, chá 茶
chī 吃 — jiǎozi 饺子, lěngmiàn 冷面, cài 菜

정답

Zhè shì nǐ ài hē de niúnǎi.
3. A:这是你爱喝的牛奶。　　B:___③___。

Wǒmen qù dǎ lánqiú zěnmeyàng?
A:我们去打篮球怎么样？　　B:___①___。

Xièxie nǐ qǐng wǒ hē kāfēi.
A:谢谢你请我喝咖啡。　　B:___②___。

Tā xiǎng kàn shū.　　Tā xiǎng chī lěngmiàn.
4. ①他想看书。　　②他想吃冷面。

Tā xiǎng hē niúnǎi.　　Tā xiǎng zuò huǒchē.
③他想喝牛奶。　　④他想坐火车。

17 你去哪儿了

1. 听力

Píngguǒ duōshao qián?　　Píngguǒ 6yuán.
A:苹果多少钱？　　B:苹果6元。

Yīfu duōshao qián?　　100 yuán.
A:衣服多少钱？　　B:100元。

Kāfēi duōshao qián?　　45 kuài.
A:咖啡多少钱？　　B:45块。

Lěngmiàn duōshao qián?　　20 kuài.
A:冷面多少钱？　　B:20块。

2. 听力

Wǒ qù shāngdiàn mǎi màozi.　　Wǒ qù xuéxiào dǎ lánqiú.　　Wǒ qù fànguǎn chī jiǎozi.
①我去商店买帽子。　②我去学校打篮球。　③我去饭馆吃饺子。

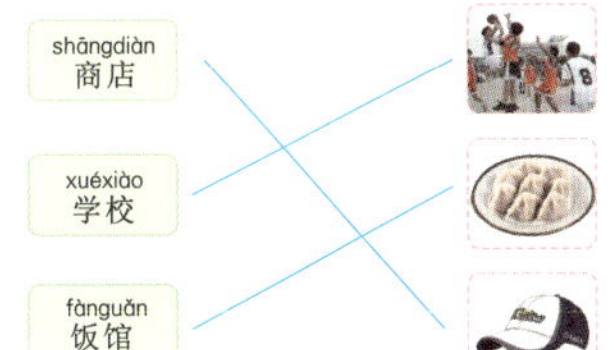

3. 56: wǔshíliù 五十六　　78: qīshíbā 七十八

103: yìbǎi líng sān 一百零三　　112: yìbǎi yīshíèr 一百一十二

300: sānbǎi 三百　　140: yìbǎi sì (shí) 一百四（十）

4. ① F　② D　③ A　④ B　⑤ E，C

Wǒ qù shāngdiàn mǎi xié.　　Sān kuài bā (sān yuán bā jiǎo).
5. ①我去商店买鞋。　　②三块八（三元八角）。

Shì zài bǎihuò shāngdiàn mǎi de.
③是在百货商店买的。

18 今天天气怎么样

1. 听力

Xiànzài Běijīng tiānqì zěnmeyàng?　　Zhèlǐ xiànzài xià yǔ.
①A:现在北京天气怎么样？　　B:这里现在下雨。

Xiànzài Rìběn tiānqì zěnmeyàng?　　Zhèlǐ tiānqì hěn rè.
②A:现在日本天气怎么样？　　B:这里天气很热。

Xiànzài shǒu'ěr tiānqì zěnmeyàng?　　Zhèlǐ de tiānqì hěn lěng.
③A:现在首尔天气怎么样？　　B:这里的天气很冷。

Nǎinai, nín nàr de tiānqì zěnmeyàng?　　Zhèlǐ xiànzài xià xuě ne.
④A:奶奶，您那儿的天气怎么样？　　B:这里现在下雪呢。

2. ① C　② D　③ A　④ B

3. ①明天有雨。　②你买了多少水果？

4. ① 坐　② 工　③ 下

新HSK 1급 모의문제 [1]

Tīnglì cáiliào:
听力材料:

Dì-yī bùfen
第一部分

Yígòng5 gè tí，měi tí tīng liǎng cì.
一共5个题，每题听两次。

Lìrú:　hěn gāoxìng
例如：很高兴

Xiànzài kāishǐ dì 1 tí:
现在开始第1题:

Zhè shì mǐfàn.　　liǎng běn shū
1. 这是米饭。　2. 两本书

Xiànzài 8diǎn.　　xuéxí Hànyǔ　　Jīntiān xīngqī sān.
3. 现在8点。　4. 学习汉语　5. 今天星期三。

Dì-èr bùfen
第二部分

Yígòng5 gè tí，měi tí tīng liǎng cì.
一共5个题，每题听两次。

Xiànzài kāishǐ dì 6 tí:
现在开始第6题:

Wǒ zài kàn diànshì.　　Zhè shì wǒ de bēizi.
6. 我在看电视。　7. 这是我的杯子。

Wǒ xǐhuan hóng yánsè.　　Míngtiān 10yuè7hào.　　Tā bú huì shuō Hànyǔ.
8. 我喜欢红颜色。　9. 明天10月7号。　10. 他不会说汉语。

Dì-sān bùfen
第三部分

Yígòng5 gè tí，měi tí tīng liǎng cì.
一共5个题，每题听两次。

Lìrú:　Nǚ:　Nǐ jǐ suì?　　Nán:　Wǒ liù suì.
例如：女：你几岁？　　男：我六岁。

Xiànzài kāishǐ dì 11 tí:
现在开始第11题:

Nán: Nǐ xǐhuan xuéxí Hànyǔ ma?　　Nǚ: Wǒ xǐhuan xuéxí Hànyǔ.
11. 男：你喜欢学习汉语吗？　　女：我喜欢学习汉语。

Nán: Nǐ mǎi shénme?　　Nǚ: Wǒ mǎi yīfu.
12. 男：你买什么？　　女：我买衣服。

Nán: Zhè'r mài shǒubiǎo ma?　　Nǚ: Zhè'r bú mài shǒubiǎo.
13. 男：这儿卖手表吗？　　女：这儿不卖手表。

Nán: Tā zài zuò shénme ne?　　Nǚ: Tā zài kàn diànshì ne.
14. 男：他在做什么呢？　　女：他在看电视呢。

Nán: Zhuōzi shang yǒu shénme shuǐguǒ?　　Nǚ: Zhuōzi shang yǒu píngguǒ.
15. 男：桌子上有什么水果？　　女：桌子上有苹果。

Dì-sì bùfen
第四部分

Yígòng5 gè tí，měi tí tīng liǎng cì.
一共5个题，每题听两次。

Lìrú:　Xiànzài bā diǎn shí fēn.　　Wèn: Xiànzài shì jǐ diǎn?
例如：现在八点十分。　　问：现在是几点？

Xiànzài kāishǐ dì 16 tí:
现在开始第16题:

Tā shì wǒ de tóngxué.　　Wèn: Tā shì shéi?
16. 他是我的同学。　　问：他是谁？

Nàr yǒu shāngdiàn，méiyǒu fànguǎn.　　Wèn: Nàr méiyǒu shénme?
17. 那儿有商店，没有饭馆。　　问：那儿没有什么？

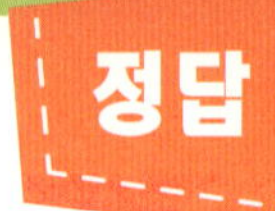

18. Zhè shì hóng yánsè de. 这是红颜色的。 Wèn: Zhè shì shénme yánsè de? 问：这是什么颜色的？
19. Wǒ bú huì shuō Yīngyǔ, huì shuō Hànyǔ. 我不会说英语，会说汉语。 Wèn: Wǒ huì shuō shénme? 问：我会说什么？
20. Zhè'r méiyǒu mài màozi de. 这儿没有卖帽子的。 Wèn: Zhè'r méiyǒu mài shénme de? 问：这儿没有卖什么的？

Tīnglì kǎoshì xiànzài jiéshù.
听力考试现在结束。

모의문제 [1] 정답

一、听力

第一部分

1. × 2. √ 3. × 4. × 5. √

第二部分

6. C 7. B 8. C 9. B 10. C

第三部分

11. F 12. E 13. B 14. A 15. C

第四部分

16. B 17. B 18. A 19. C 20. B

二、阅读

第一部分

21. × 22. √ 23. √ 24. √ 25. ×

第二部分

26. E 27. F 28. B 29. D 30. A

第三部分

31. C 32. A 33. B 34. F 35. D

第四部分

36. F 37. E 38. A 39. C 40. B

新HSK 1급 모의문제 [2]

Tīnglì cáiliào:
听力材料：

Dì-yī bùfen
第一部分

Yígòng 5 gè tí, měi tí tīng liǎng cì.
一共5个题，每题听两次。

Lìrú: tiàowǔ
例如：跳舞

Xiànzài kāishǐ dì 1 tí:
现在开始第1题：

1. zài diànyǐngyuàn 在电影院 2. chī píngguǒ 吃苹果
3. xiě Hànzì 写汉字 4. 10 diǎn shuìjiào 10点睡觉 5. zuò fēijī 坐飞机

Dì-èr bùfen
第二部分

Yígòng 5 gè tí, měi tí tīng liǎng cì.
一共5个题，每题听两次。

Xiànzài kāishǐ dì 6 tí:
现在开始第6题：

6. Wǒ xiǎng hē shuǐ. 我想喝水。 7. Jīntiān zhōngwǔ wǒ qǐng nǐ. 今天中午我请你。 8. Tā xǐhuan tī zúqiú. 他喜欢踢足球。
9. Zhāng lǎoshī yǒu sān ge háizi. 张老师有三个孩子。 10. Wǒ shì zuò chūzūchē qù de. 我是坐出租车去的。

Dì-sān bùfen
第三部分

Yígòng 5 gè tí, měi tí tīng liǎng cì.
一共5个题，每题听两次。

Lìrú: Nán: Míngtiān tiānqì zěnmeyàng? 例如：男：明天天气怎么样？ Nǚ: Míngtiān yǒu yǔ. 女：明天有雨。

Xiànzài kāishǐ dì 11 tí:
现在开始第11题：

11. Nán: Nǐ zěnme huí xuéxiào? 男：你怎么回学校？ Nǚ: Wǒ zuò gōnggòng qìchē huí xuéxiào. 女：我坐公共汽车回学校。
12. Nán: Duōshao qián mǎi de? 男：多少钱买的？ Nǚ: 50 kuài mǎi de. 女：50块买的。
13. Nán: Nǐ qù nǎr? 男：你去哪儿？ Nǚ: Wǒ qù shāngdiàn mǎi dōngxi. 女：我去商店买东西。
14. Nán: Nǐ xiǎng chī shénme? 男：你想吃什么？ Nǚ: Wǒ xiǎng chī Zhōngguó cài. 女：我想吃中国菜。
15. Nán: Tā shì shéi de nǚ'ér? 男：她是谁的女儿？ Nǚ: Shì Zhāng lǎoshī de nǚ'ér. 女：是张老师的女儿。

Dì-sì bùfen
第四部分

Yígòng 5 gè tí, měi tí tīng liǎng cì.
一共5个题，每题听两次。

Lìrú: Xīngqītiān wǒmen zuò chuán qùle Shànghǎi. 例如：星期天我们坐船去了上海。
Wèn: Tāmen xīngqī jǐ qù de Shànghǎi? 问：他们星期几去的上海？

Xiànzài kāishǐ dì 16 tí:
现在开始第16题：

16. Duìbuqǐ, wǒ shàngwǔ bù néng qù xuéxiào. 对不起，我上午不能去学校。 Wèn: Tā bù néng qù nǎr? 问：他不能去哪儿？
17. Dìdi néng xiě wǔshí ge Hànzì le. 弟弟能写五十个汉字了。 Wèn: Dìdi néng xiě duōshao ge Hànzì? 问：弟弟能写多少个汉字？
18. Mèimei zài chī shuǐguǒ ne. 妹妹在吃水果呢。 Wèn: Mèimei zài chī shénme? 问：妹妹在吃什么？
19. Wǒ méi kànjiàn nǐ de diànnǎo. 我没看见你的电脑。 Wèn: "Wǒ" méi kànjiàn shénme? 问："我"没看见什么？
20. Tā shì Hánguórén, Tā zhù zài Shǒuěr. 他是韩国人，他住在首尔。 Wèn: Tā zhù zài nǎr? 问：他住在哪儿？

Tīnglì kǎoshì xiànzài jiéshù.
听力考试现在结束。

모의문제 [2] 정답

一、听力

第一部分

1. √ 2. × 3. × 4. √ 5. √

第二部分

6. B 7. A 8. B 9. C 10. A

第三部分

11. D 12. B 13. A 14. F 15. E

第四部分

16. C 17. B 18. B 19. C 20. A

二、阅读

第一部分

21. × 22. × 23. √ 24. √ 25. ×

第二部分

26. A 27. E 28. D 29. C 30. B

第三部分

31. A 32. E 33. B 34. D 35. C

第四部分

36. C 37. A 38. D 39. B 40. E

MEMO

MEMO